韓国・台湾
まとめて無理心中!

断末魔の中国経済

黄文雄

ビジネス社

はじめに

近年に見られる中国経済のあきらかな異変に世界経済は動揺している。シャドーバンキング、不動産バブル、理財商品のデフォルト、外資流失など中国経済の闇はすでに多くの識者が指摘することだが、上海株大暴落もさることながら、中国当局によるあまりにお粗末な株価対策により、中国共産党への不信感と中国経済崩壊への危機感はもはや拭い去ることができない危険水域まできている。

これまで「中国人の時代」や「中国覇権」など中国を「大国」とする予測が言論の大半をしめていたのが、「中国の時代はやってくると同時に終わる」や「中国経済は少なくとも三十年以内に再起不能」など世界的に著名な学者や実業家まで、うろたえるかのようにいいだしはじめた。

中国経済の実態を知るのが難しいのはいうまでもない。公表されるデータは「作為的な数字」にすぎず、歴史も経済も文化の一切が「政治」であるという中華体質の真実《ほんとう》のところはうかがい知れないからである。

中国には目には見えない「潜規則」（裏のルール）がある。「権銭弁証法」といわれる銭力と権力との関係やら党幹部と政府高官がいかにして国富を私富にかえていくのか、じつは党の国家権力集団中枢でさえ、全貌をつかめていないのだから、ましてや外から把握することなど至難の業だ。

外国の経済学者やアナリストは近代経済学の原理を当てはめて中国経済を見るので、かならず間違える。そもそも企業家が一人もいないという分析さえある国に資本主義社会の尺度でわかろうはずがない。中国人の富の獲得は、ほとんどが「超経済的」な方法によるものであることを読者は肝に銘じられたい。

いま現在中国の経済事情を確実に知るのには、GDPや経済成長率、外貨準備など中国当局の「宣伝」ではなく、目に見えない「潜規則」からの考察が欠かせない。

筆者はこれまで、なんども中国人の本性と中国の正体を暴き、警鐘を鳴らし続けてきたが、本書ではいまだ十分に論じたとはいえなかった経済についてとりあげた。あくまで政治にすぎない中国の「超経済」の実態だけでなく、道連れにされる台湾・韓国の分析、さらに日本が打つべき対策など、さまざまな分析と提言をこころみたものである。中国が他山の石となり、読者諸氏に巣食った「幻想の大国」が崩壊されたなら望外の喜びである。

第二章 中国と奈落に落ちる台湾経済

第三章

中国と心中覚悟の韓国経済

第四章

世界の中で生き残りをかける中国経済

終章 いま問われる日本の生き様

序章

非常識の常識を知る前に

地球人から見た中国人

人と人とのコミュニケーションは、言語と文字が主力であり、日本人がいう「以心伝心」など到底世界の国民に真似できるものではない。「目は口ほどに物を言う」というのは、例外どころか稀有なことなのである。

言語について、語系や語族などによる大分類はあるものの、現存する世界の言語は、三千やら五千、八千などと、言語学者によってその数は決して「定説」にはなっていないが、時代が下るにつれて減少しつつあることは間違いない。

かつて数百年にもわたって東アジアの覇者、主役だった満州人の満州語はすでに絶滅寸前であり、南モンゴルのモンゴル人の言語も風前の灯火である。

英語は目下世界の共通語に近いが、もちろん、パックス・ブリタニカとパックス・アメリカーナの長い歴史から生まれたもので、ラテン語やドイツ語、フランス語、ロシア語以上に使用されるようになったのは、近現代史の積み重ねによる歴史の産物である。決して「強制」ではない。

近年、「中国はすでに強くなったから、英語の代わりに中国語を使え」という吶喊《とっかん》が響き渡っているが、現実を見る限り、中国人でさえ公用語としての「北京語」が国内の津々浦々にまで普及しているとは考えていない。だいいち、かつての国家元首であった蒋介石《しょうかいせき》やら毛沢東《もうたくとう》などは中国語（正確に言えば、「普通語《プートンホア》」とされる北京語）を話せなかったのである。

戦後、台湾の公用語は北京語となり、「言葉が通じるのでビジネスにも便利」ということで、中国への投資活動が盛んになった。目下、年間約二百万人の企業幹部が中国に常駐している。

言語はただのコミュニケーションの「メディア」というだけではない。言語は「物の見方と考え方」、人生観から世界観、つまり人の「価値観」をも含んでいる。

日常生活だけでなくビジネスの場に至るまで、台湾人から見た中国人のあまりにも異常なビヘイビアやメンタリティは、同じ地球上の人類とは考えられない。あまりにも地球人の常識的な言動から逸脱しているため、「宇宙人」とさえ呼んでいるほどである。

では、中国人だけの「常識」にすぎず、地球人には理解できない、あまりにも「中国的」なもの、日本でいうところの「万邦無比」の、一方的な価値を世界に押し付ける中国の「我執」は、一体何か。どのような中国の思い込みによるものなのか、以下にそれを挙げたい。

①位相空間において、東西南北の方向感覚はあっても、中国人はどうしても自分が「中」

自称の位置にいなければならないという我執が強い。そういう自己中及び自国中心は、中国「中国」という言語表現からして象徴的である。現に「古今東西」という言葉は、中国では「古今中外」となっている。外からは、こういう「自己中」の意識を、「中華思想」「中華主義」または「中華中心主義」とも称する。

②「自己中」対「自己中」の衝突・激突が避けられないため、中華世界は常に不安定状態にある。だから人と人との間の波風と葛藤が多い。自己対自己、自己対家族、さらには国家にまで至る。一個人は家族や国家よりも絶対優先という「常識」がないと、中国を見誤ることになる。

③国家やら天下はただ家の延長に過ぎないので、マックス・ウェーバーは中国を「家産制国家」と称した。一家一族の「天下」だから、中国人も「家天下」と自称する。

④天下は奪ったり奪われたりするものだから、天下争奪に際し、「天下為公《てんかいこう》」（天下は公のため）とその正当性を主張する。国盗りや天下取りという「強盗」の理論を正当化するのは、易姓《えきせい》革命である。天命を受けた天子は、皇帝となり、天下万民を統率・君臨する。易姓革命の原理をさらに理論化するのは、「陰陽五行」の思想である。木・火・土・金・水という「五徳」が、「相生相成」して、徳の盛衰によって、天下が誰のものになるか交替される。

⑤近代国民国家はたいてい、国と民との関係が密接で、権利と義務がはっきりしている。しかしいまの中国では、なおも「神権政治」のままに止まっている。いわゆる「法治社会」よりも「人治（徳治）」社会で止まっている。法律があっても、人の恣意によって、すべてを決められることが多い。人の恣意は、あくまでも「力学的関係」によって可能となる。つまり、力ですべてを決めるのである。

⑥徳とはあくまでも建前にすぎず、「徳の盛衰」は世の帰趨を決めるが、実際に決めるのは力である。易姓革命は徳よりも「馬上天下を取る」という力の原理によって、天下の大勢を決める。力によって天下の所有を決め、力で天下を守らなければならないので、現代語で言えば、中国は「軍国主義国家」でないと成り立たない。いま現在の中国は極めて典型的な「軍国主義国家」である。人民解放軍は国家を超越する存在であり、軍を牛耳らなければ党は無力である。人民共和国の憲法は、「党は国家を指導する」と規定している。

⑦「中国は国家ではなく、天下である」という性格については、歴史的には「国のかたち」として「世界国家」「天下国家」または「世界帝国」とも称される。「中国は国家ではなく、天下である」ということは、中国人の国自慢の一つでもある。中国が西洋よりも先に進んでいるとする国自慢としてよく挙げられる実例はこうだ。「西洋はなおも国家競

合の時代で、中国の戦国時代に似ている。しかし中国はすでに『統一国家』の時代に入っている。西洋はなおも民族や国家の時代で止まっているが、中国は既に二千年以上も文化によって統一され、中華の文化はほとんど動揺しない。このように中国は既に『文化の時代』にあるので、中華は西洋以上に進んでいる。中華の文化は人類至高の文化である」このような文化自慢は中国の国自慢の一つでもある。

⑧「世界・人類は、中国の文化に憧れ、競って中華の文化に学び、中国人になりたがっている。中国に一日も早く統一してもらいたい」。このような自慢は思い込みにすぎず、日本が今日あるのは中国文化の「お陰」という「お陰説」はあくまで我田引水のものである。それを信じている者は中国人のみである。現実はむしろその逆であり、誰も中国人にはなりたがらない。というよりも、当の中国人すら、「生まれ変わっても中国人にはなりたくない」という者が全体の三分の二もおり、大多数の中国人が祖国を捨てて逃げ出したがっているというのが現実である。

⑨中国人には自分だけが絶対無謬と思い込む者が絶対的に多い。だから独善的な「正しい歴史認識」を、日本だけでなく世界のどの国にも押し付けたがる。「靖国神社参拝反対」と言い出したら、日本のマスコミがすぐに唱和し、政治家も中国の指導者の言う通りに行動する。中国政府が日米欧に、ダライ・ラマ十四世、ラビア・カーディル世界ウイグ

ル会議議長、李登輝《りとうき》元総統の入国禁止などを指導した際、中国の指導者の言うままに応じるのは日本だけである。それが日本が考える「善隣外交」だろうか。

⑩中国人及び中国について、日本人と同様かそれに近いメンタリティであると見る日本人は少なくない。最低限知るべきことは、中国人は「考えていることと、口にしていることと、やっていることが違う」、つまり「建前と本音が全然違う」ということである。神様まで金で買える国だから、金に勝てる人はいない。金のためなら生命はいらない。軒を貸してやったら母屋までとられる国だから、中国人は「地球人」ではないと銘記すべきことも常識である。

経済人に中国経済がわからない理由

戦後日本の大学で教える経済学は、大きく、「マル経（マルクス経済学）」か「近経（近代経済学）」に学習や研究分野が分けられているが、中国経済だけはそれらとは別世界である。中国経済のみは経済学者にも経済人、財界人にも知ることが難しい分野である。

改革開放以前には、中国の大学に経済学部はなかった。経済は政治の一部と考えるからである。もちろん中国人にとっては、経済だけが政治ではなく、文化、芸術、スポーツまで政治であるばかりか、言語も宗教も人の一挙手一投足のすべてが政治である。すべてを政治に還元し、一元化する社会なのだ。

文革終結までの「友好商社」がその象徴である。ビジネスは「友好」が原則である。しかし、その「大原則」も、改革開放後には「原則」として消えてしまい、いかにも「原則」というのは「ご都合主義」だということが新たに「常識」となってしまった。

東西冷戦後の世界では、「市場経済vs計画経済」「自由vs平等」のイデオロギーが「常識」となった。しかし、九〇年代に入って、中国の社会主義経済は「姓」は「資」（資本主義）か「社」（社会主義）かの論争（改革開放をめぐっての）が下火になっていく中で、江沢民《こうたくみん》は鄧小平《とうしょうへい》の言葉を引用して、「社会主義にも市場経済がある」と中国以外の人々の「非常識」を叱っている。

それが中国である。

日本には「中国経済」や「中国経済史」などの著書が絶無ではないが、私が大学院生時代に「西洋経済史」をテーマに選んだのは、「東洋経済史」や「中国経済史」という分野がその時代にはなかったからである。

中国経済を知ろうとしても、歴史からも、現在の経済状態を知ることは難しい。その理由は多々ある。私見ながら以下に示す。

①古代中国には「六芸」（儒教が認めていた基本的教養。「礼、楽、射、御、書、数」）があっても、やがて「礼楽書詩易春秋」などの六経（六芸）に代わり、やがて「文」を重んじる国になるにつれて、「算経」などの数学までが消えていく。諸史・歴代「正史」の記録は、経済分野については、「食貨志《しょっかし》」（王朝の財政の記録）や「五行志」（天変地異の記録）にしか出なくなる。「正史」の記録も「概数」しか出なくなり、たとえば「死者大半」とか、「十中の八九」というどんぶり勘定になる。経済統計に絶対不可欠な人口数字も極めて曖昧で、研究の原点からしてもその信憑性が疑わしくなる。

②中華帝国の基盤と国のかたちは、基本的には「農耕帝国」だった。「通商国家」としての性格は、モンゴル人が統治した大元の時代と、改革開放後の時代のみである。ことに漢武帝以後の中国は、「儒教独尊」以後、社会階級には「士農工商」の四民があっても、儒教思想のベースは農本主義であり、「反商」が国策にもなっている。儒教国家の原理は、古代の原始社会への回帰を目指し、「農は本、商は末」という主張である。儒者は「本を守るためには貨幣まで廃止すべき」と貨幣流通の断禁を主張し、商の絶滅が儒の国論としての国是となった。有名な漢の「塩鉄論」は塩鉄専売などをめぐる広範な政治経済の論争として、儒の農本主義に対する「是非」の書としても知られる。

中国経済史は、「食貨志」や「五行志」の記述にも大部分を占めるように、農耕史に限定され、天災や飢饉の歴史記録しかない。

③近代人が文明・文化について見るに際には、政治、経済、社会、文化などへの視野がある。しかし、中国は経済単独での分野はありえない。近代的な経済原論も原理も経済分野のみで知ることも、接近することさえも難しい。

なぜなら、中華の世界は、政治に所属し、政治は力学原理に従って動くので、中国の財・富の獲得はたいてい超経済学的手段によって移動し、それらは中国的原理によって左右されるからである。

もっとも基本的な原理は、いかに経済原理を知るかではなく、いかに「勝つ」かということである。勝てば世界のすべてが自分の手に入る。つまり「勝ち負け」が経済の法則や原理以上の関心事である。決してそれは「易姓革命」だけではないのである。

勝ち負けがすべてだから、経済については、技術の研究や開発よりも、いかに情報を窃取し、パクるかが、商の鉄則となる。だから経済競争よりも軍事競争に力を入れる。サイバー・ウォーもその一例となる。

④前述したように、中国経済学は、日本で学んでいる近代資本主義の歴史の申し子としての「近経」でもなければ、反資本主義の「マル経」でもない。「中経」とも称されるべ

き第三の経済学である。七〇年代の後半から、筆者は経済・ビジネス誌に「中国の富豪列伝」をはじめ、中国の経営ビジネスなどについての一連の連載をもっていた。改革開放以前の中国は農以外の商・工といえる業種はなかった。そして、農を操るのは官であった。富をどう手に入れるのかについては、宋時代の真宗《しんそう》の作とされる『勧学歌』（学問を勧める歌）が代表的で、「黄金はすべて『書』（四書・五経など）の中にある」とされた。科挙に及第し仕官すれば、すべての財富が手に入る。いわゆる「近経」でも「マル経」でも、中国の経済原理を知ることはできない。というよりも、むしろ逆となる。本文で後述するが、富への手段は、すべてが「超経済的方法」か、「反経済的」原理によって達成されるものである。拙書の『中国富豪列伝』（経営評論社）の中でとりあげた富豪、ことに近代富豪の出身は、実業界ではなく、ほとんどが近代軍閥であった。その財富の大半が反経済的原理やら超経済的な手段によって手に入れたものである。それはたいてい実業家や企業家とされる近代産業の数十倍から数百倍にものぼる。

一例として、一九三〇年代に、アヘン、売春、賭博という三位一体の大本山である上海チャイナ・マフィアのボス・杜月笙《とげつしょう》の三鑫《さんきん》公司の年間総売上は、当時の国家歳出のほぼ六分の一と推測されている。北洋大臣李鴻章《りこうしょう》は、日清戦争において「私財で明治日本と闘った」ということも、想像がつく。

ことに近年、「大トラ」とみなされる党汚職の大幹部の私財の額が、報道されているように千億円やら兆円単位であることからも、それはわかるであろう。もっとも象徴的なのは、人民解放軍の高級幹部である。中国の億万長者に軍高級幹部が占める割合は八〇パーセントにのぼる。いったいどういう手で財富を蓄積したのだろうか。言うまでもなく、超経済的な手段やら、反経済的原理から知る以外には方法がない。

⑤近代的経済学を身につけた経済学者や経済人が中国経済を見ることは、逆に「有害無益」である。というのは、近代経済学の思想や原理を知ることは、逆に合理主義的な色眼鏡という「独断と偏見」に走りやすいからである。つまり逆に、中国経済の実態が見えなくなる。

以上の五つの視点から、中国経済の実態について、そして中国経済をどう知るのかについて、本文で多面的にして多角的視点から語りたい。

第一章

断末魔を迎えた中国経済

「自力更生」の終わり

ロシア革命後に生まれたソ連圏は、あまりにも社会主義の殻に閉じ込められていたので、イギリスのチャーチル元首相からは「鉄のカーテン」と称された。国共内戦後に成立した中華人民共和国は、「鉄」ではなく「竹のカーテン」と称された。

本来なら社会主義国家は、「人類解放、世界革命、国家死滅」をスローガンにする、極めてコスモポリタン的な世界革命志向の強い国家（革命政権）である。従って、「国家死滅」の理想から考えれば、鉄や竹のカーテンに閉じ込もるので、中ソや中越のような国家対立が起こったはずがなかろう。しかし、夢は夢、理想は理想だけに止まる。

その理由は多々ある。毛沢東《もうたくとう》は、自ら語るようにロシア革命を「第一革命」、中国革命を「第二革命」、日本革命を「第三革命」と称し、第三革命が成し遂げられれば世界革命が達成されると夢見た。左翼政党と文化人、言論人を総結集して、日本は「日本人民民主主義共和国」にしようとしたが、その革命はならず、牛耳ることができたのはマスメディアと学界だけだったので、そこに社会主義革命の限界が見られた。

社会主義革命が成功したのは、西では東方正教会文明圏であったが、東方では儒教文明圏だけに止まった。それが社会主義世界革命の限界でもある。

では東方では、なぜ社会主義革命は儒教文明圏のみで止まったのか。社会主義と儒教思想に共通する理想はじつに多い。それらはともにコスモポリタン的な思想であり、ユートピアは天上のものではなく地上のものであるとする。マルクス主義の階級分析では、支配と被支配に二分、儒教思想も君子と小人に二分するなど、多くの思想上の共通性がある。もちろん、思想だけでなく共通する土壌（風土）もあった。

中華帝国の時代から、秦末の陳勝《ちんしょう》・呉広《ごこう》ら民衆の夢（陳勝・呉広の乱）をはじめ、赤眉《せきび》や緑林《りょくりん》、黄巾《こうきん》、紅巾、白蓮教などなどの夢から太平天国のユートピアなど、社会主義の夢は絶え間なく現れた。

そもそも中国のような農本主義国家は、社会主義社会の土壌があった。毛沢東時代の社会主義社会建設は、長い歴史伝統の上に存立するものだから、農本商末という本来の考えから、反商が社会主義建設の国是ともなる。

シュペングラーの『西洋の没落』観以来、過度の工業化社会についての西洋人の哲学者や歴史学者など文化人のオピニオン・リーダーの反省から、インドやさらに東の中国の農工が調和した毛沢東主義は、一時ラッセルやらサルトル、トインビーらを魅了し、礼賛された。

社会主義中国が竹のカーテンに閉じ込もり、自力更生の経済を可能にしたのは、農本商末主義という伝統的風土以外に、東亜・中華世界という自閉的空間を可能にしたからである。しかしそれは、最後の生存条件にもなっている。

もちろん中華文明圏にかぎらず、人類史上に現れた諸文明圏はたいてい、自己完結的な世界だった。

よく知られているように、秦の始皇帝は帝国の成立とともに北方に戦国時代の長城を繋ぎ合わせ、歴代王朝は最北の辺境として改修建築を続けていた。北方の人工的な万里の長城以外には、大元王朝の時期を除いて厳しい海禁を断続的に行っていた。もっとも開放的な時代と称される唐は「国際色豊か」と言われているが、それでも、玄奘《げんじょう》和尚の天竺への取経や鑑真《がんじん》和尚の日本への渡海がいかにして厳しい陸禁と海禁を犯したかということについては、その「物語」を一読すれば釈然とするだろう。日本人に「文化を教えた」という説に惑わされ、中華がいかにもその文化を周辺諸国に教えたように錯覚や誤解をする知識はいまでもひとり歩きし続けているが、じつは逆であった。中華の文化はあくまで「秘方主義」を墨守し、日本に限らず、絶対に周辺の夷狄《いてき》にそれを教えないということが、中華の最大の原則である。ことに中国の古典や特産まで、門外不出のものが多い。それは、夷狄の文化が中国を上回ることを何よりも恐れているからである。たとえば日本の遣唐使では、留学僧の外出や市場、寺廟の見学も特別許可が必要で、許可されたとしても役人の厳しい監視下で行われた。日本が中華の文化を受け入れたのは、たいてい日宋、日元・日明貿易以後のことが多い。中華の文化、文物は、門外不出が大原則であり、竹のカーテン時代、ことに文革まで、古代からの「秘方主義」と「門外不出」の大原則はほとんど変わっていない。そういう「常識」は、日本のたいていの文化人に欠けている。

もちろん、中国という空間は、決して絶対密閉されるものではない。文化的にも経済的にも、陸と海のシルクロードが東西でつながっているが、陸のシルクロードの隊商の主役はソグド人をはじめ、遊牧民であった。海のシルクロードの主役は、時代によって異なるが、古代以前は南洋のマレー・ポリネシア人だった。中世からはペルシア、インド、アラビアのイスラム商人であり、大航海以後からはイベリア、オランダをはじめとする西洋人であった。

古代から中華帝国の時代を経て、人民共和国の竹のカーテンに至るまでの自力更生の経済は、農本に立脚してこそ可能であったが、二十世紀に入ってから、中国の自然と社会の劣化の悪循環は既に歴史の終点を迎えている。

いくら社会主義社会の建設に精魂を傾けても、その結果として、すでに大躍進の失敗により数千万人の餓死者まで出たことは、二十世紀人類最大の悲劇とも言える。中国経済の完全崩壊は、六〇年代（初頭）の大量餓死がその悲惨さを物語っている。それに続く文革の十年は、文革後に「十年酷劫《こくごう》」（動乱の十年）と党からも称され、経済だけでなく、政府も党も崩壊し、中国の存在を支えるものは軍しか残っていないという中国の断末魔である。

文明の自殺から見る改革開放

毛沢東の死後、四人組（文革を主導した江青、張春橋、姚文元《ようぶんげん》、王洪文の四名）の逮捕を最後に、文革は終結した。このとき、社会主義体制が終焉を迎えると見るべきだった。しかし実際には、文革後に十数年の迷走が続いた。その間、華国鋒《かこくほう》、胡耀邦《こようほう》、そして六四天安門事件、趙紫陽《ちょうしよう》の失脚などが起きた。九〇年代からは江沢民《こうたくみん》の時代に入り、後半から中国経済の高度成長が続く。「一年一個様、毎年不一様」といわれるほど、年々、経済だけでなく、社会も価値観も激変に次ぐ激変をした。中国は国際社会で注目、刮目《かつもく》され、ことに経済と軍事は突出し、いつしか第二の経済大国となっている。

九〇年代からわずか三十年未満で、そこまで世界から刮目されたのは、経済力と軍事力の突出と、それ以外にはチャイナ・ドリームと未来への可能性があったからだが、これらはいったいどうなるのか。

その経済と軍事については、語られることが多い。ことにこれからの中国の行く末について、崩壊論や脅威論、「中国人の時代論」などなど多くあるが、パックス・アメリカーナに代わる「パックス・シニカ」の時代がやってくるという予想も潜在的には少なくない。

では、これからの中国については、いったいどこまでいくのだろうか。近年の経済や軍事突出の延長線上の予想の「常識」として一般によく定着しているのが、「アメリカの没落」である。これについては、すでに七〇年代の後半から言われていた。「ジャパン・アズ・ナンバーワン」は、九〇年代のバブル崩壊まで続いていた。九〇年代に入ってからすでに「大中華経済圏」や「中国人の時代がやってくる」という説が、中国経済の急成長とともに喧伝され続けている。もっとも長いスパンから見た中国の未来については、すでに人民共和国の毛沢東の時代から、アーノルド・トインビーが「二十世紀末か遅くとも二十一世紀の初頭に中国人の時代がやってくる」と予言していた。もちろんトインビーがそう予言したのは、中国よりも毛沢東の夢の実現に魅了されたからである。毛沢東の人民共和国と鄧小平《とうしょうへい》以後の人民共和国は、国名が同じでも、国体はまったくアベコベのものである。

もちろん中国史上特異な「改革開放」は、中国風土から見ても、国際環境から見ても、決して中華文化・文明の延長線上にあるものではない。では、「改革開放」とはいったいどういう性格のものであるのか。それを知るためには、少なくともいままでの、農本から通商国家への変質から、この変化の風土から時代の条件について、空間的スケールをもっと広げて、時代のスパンをもっと伸ばさなければならない。でなければ、この国の真の姿だけでなく、未来を語ることも難しい。

十九世紀中葉のアヘン戦争に至るまで、中国、日本だけでなく、東アジア世界全域には、鎖国時代がずっと続いていた。アヘン戦争後も、清は開国はせず、五つの港を開いたのみだった。アヘン戦争について近現代史説では、アヘン問題が戦争の主因というのが「歴史の常識」となっているが、異説も少なくない。たとえば『資治通鑑《しじつがん》』の現代語訳者の柏楊《はくよう》は、「アヘン問題はすでに林則徐《りんそくじょ》の焼却によって一件落着していた。アヘン戦争と称することは不適であり、本質的には自由貿易の可否をめぐる戦争である」と言っている。イギリスでは「貿易戦争」と称するように、いまでいう、TPP戦争である。

私は、アヘン戦争から北清事変に至るまでの六十年（一甲子）の間の清の対外戦争については、皇帝の詔書と文人・官僚の主張を見るかぎり、それは清の西夷と東夷に対する懲罰戦争とみなすべきだと考えている。鄧小平の対ベトナム懲罰戦争と同質だったことは、むしろ「正しい歴史認識」だといえよう。

アヘン戦争以後の中華世界の自閉症は、竹のカーテンの時代まで続き、改革も秦の「商《しょう》鞅変法《おうへんぽう》」（秦の商鞅が行った法家思想に基く国政改革）を除いては、中華帝国の時代にはほとんど成功したことがなかった。九〇年代以後の人民共和国建国以来、「人類解放、世界革命、国家死滅」の三点セットに代わり、「中華民族主義、愛国主義、中華振興」が国是国策となった。このことは一見、中華伝統への回帰に見えるが、実際「改革開放」は、中華帝国時代以来における未曾有の伝統否定の総括ともいえる。

アヘン戦争から遡って約半世紀の十八世紀末、清は白蓮教徒の乱をはじめ、文革の終結に至るまで延々と、約百八十年にもわたって内乱と内戦に明け暮れた。内戦内乱の背後には、自然と社会の劣化と崩壊の連鎖があった。

康熙《こうき》、雍正《ようせい》、乾隆《けんりゅう》の三代は中国人にとって史上未曾有の幸福の時代だった。中国人は満州人の統治により、史上はじめての「人頭税」減免が行われ、人口はそれまでの十倍にも増え、アヘン戦争が起きた十九世紀中葉にはすでに四億人台に達していた。人口が増えすぎて自然や社会環境が崩壊され、史例を見ると、太平天国の乱によって人口の五分の一が死亡、回乱と「洗回」（回族（イスラム教徒）を虐殺する民族浄化のこと）では、イスラム教徒約二千万人～四千万人が消えた。十九世紀だけでも、餓死者が一千万人を超えたことが三回、二十世紀に入って、三〇年代の西北大飢饉と六〇年代の大飢饉の餓死者も一千万人を超えている。もちろん百万人台の餓死者が出たことは数え切れないほどある。満州事変から日中戦争の間の旱魃と水害などの天災だけでも、人口の四分の三が被害を受けている。

国内外の自然と社会環境の変化により、中華世界はすでに千年も前の宋の時代から、中国人のホームランドである中原《ちゅうげん》の人も物も荒廃し、宋の時代に人口も経済力も南北が逆転していた。その経済力の差は十対一であった。すでに唐の盛世が過ぎてからも、北方の中国人は南方の食糧を頼らなければ生き残れなかった。隋の煬帝《ようだい》が開鑿した大運河は、南方物資を運送する大動脈にもなっている。

もちろん戦後の国際環境の変化は、徐々に東西問題だけでなく、南北問題も解消しつつある。戦後のトライアングル貿易は、アジアＮＩＥＳを生み出し、東西冷戦後は、カネ、モノ、ヒトから情報に至るまで、世界市場に流れ、ＢＲＩＣＳを生み、そしてＶＩＳＴＡがその後に続いている。それが中国台頭の世界背景であり、いわゆるグローバリズムの歴史の申し子である。

では、なぜ「改革開放」は、文明史から見れば「文明の自殺」と称するべきなのだろうか。

アヘン戦争後の中国は、自強（洋務）運動をはじめ、戊戌《ぼじゅう》維新（光緒二十四年（一八九八年、戊戌の年）に行われた政治改革運動）も、立憲、辛亥革命も、五四運動も、社会主義革命も、一世紀半にもわたって、すべてが、数千年来の自文明・文化を放擲する運動だった。改革開放がその総括といえる（詳細は拙書『文明の自殺　逃れられない中国の宿命』集英社インターナショナル、二〇〇七年)。

「改革開放」後に生まれた中国の国のかたちは、有史以来の中華とはまったく違っており、すでに人類史上最大の通商国家となっている。「通商国家」はいくら繁栄を誇っても、通商相手国が経済力をなくすと、ともに倒れる運命にある。相手があっての存在である。

中華の国は自己中にして都合主義が特質であり、共存共栄の思想を欠くために、「中華思想を捨てる」ということが生存の条件となる。

これからの中国の行く末を知るためには、中国よりも世界を知る目が欠かせない。

東アジア世界の地政学と生態学

「歴史悠久、人口衆多、地大物博」という三点セットは、二十世紀から中国の小学校教育における国自慢である。もちろん、国自慢というのはどこにでもある。

たとえば韓国は、中国以上に「歴史悠久」を自慢する。彼らは中国人の四捨五入して五千年の歴史を上回るために、はじめの檀君開国五千年史から、さらに六千年史、はてには八千年史を主張している。漢字も漢方も韓国人が教えたという主張もしている。韓国は四大古代文明の根などというウリジナルも有名である。

中国が「歴史悠久、人口衆多」ということに関しては事実である。「地大物博」ということについては、乾隆帝が、通商を求めた英王・ジョージ三世の特使・マカートニーに接見した際、「わが天朝にはないものはない。欲しいものがあれば恵んでやる」と豪語したように、二十世紀のたいていの中国人では、「中国は世界一豊かな『物産豊富』な国で、地下資源も豊かである」という確信が「常識」にもなっている。

もちろん異なる意見もある。たとえば毛沢東は「社会主義革命」のために、「世界一豊かな国」ではなく、「一窮二白」(素寒貧にして無知無学)であると異説を唱えていた。

では、はたして、「中国は世界一豊かな国だった」「人類史の九五パーセントは中国人の時代だった。西洋に譲ってやったのは、近現代のほんの数百年のみだった」という説は、本当だろうか。

古代や超古代のユーラシア大陸では、オリエントをはじめ、さまざまな文明の栄枯盛衰があった。もちろん、教科書にある大河文明だけではなく、チベットやマヤのような高地文明もあったし、エーゲや日本のような島の文明もあった。気候以外には、生態学的にも地政学的にも、それぞれの文明の栄枯盛衰を左右する文明の条件や法則といわれるものがある。

文明の栄枯や、さまざまな国家の盛衰興亡が見られる。国家興亡の時差の先後があっても、民族の歴史と国家の歴史それぞれの相違があっても、民族の歴史のスパンはいかなる氏族も「民族」と称されるものが、いくら遡っても、たいした時差はないと思われる。私は、二〇一四年の九月に、ブルガリアで人類最古の黄金文明（六千年前）とソフィア（首都）の歴史博物館を見たが、文明史について示唆的なものがじつに多かった。古代ギリシア文明は中華文明とはほぼ同時代だったが、ギリシア北方のブルガリア人がスラヴ化したのは、紀元後のことである。

史前の文明・文化をいくら遡ってもきりがないので、「歴史悠久」がいったい何を指すのか、私には同調できない史説がじつに多い。

氷河期（第三間氷期）以後、ユーラシア大陸だけでなく、地球上にさまざまな文明・文化、国家と称されるものが生まれ、東アジア世界のみに限定して見ても、東アジアの大陸、つまりハートランドの方には、大陸、地中海文明圏とほぼ同緯度に、西の方からイベリア半島、イタリア半島、バルカン半島などがある。極東の方には、「東洋最後の秘境」と称される自閉的な朝鮮半島がある、南方の方にもインドシナ半島（後に仏印三国）と称される半島がある。そして、シーランドとしての日本列島がある。

大陸の方には、生態学的には人工的な万里の長城を境として、北方や西方の草原では遊牧地域があり、南方の黄河流域では麦作と雑穀作、長江流域や江南では稲作の農耕地域がある。

朝鮮半島は、長城以外の地としては最北の稲作と粟作の地で、さらに北の方は狩猟・採集のツングース語系・扶余系の地として、生活様式は大陸の方とは異なる。

ユーラシア大陸の極東海上にある日本列島は、森の民としての縄文、田の民としての弥生、海の民としての倭人がおり、森と水が豊かな日本列島は半島や大陸とは海で隔てられ、独自の文化・文明が生まれた。

気候の違いもあり、ことに地政学的な違いと生態学的な違いから生まれた社会の仕組みは、もちろん異なる。当然、生活様式も異なる。この生活様式の違いから、人生観、歴史、世界観まで、もちろん同一ではない。ものの見方も考え方も違う。価値観や国民性が違うのも、ごく当たり前で、それは文化・文明から風土が違うからである。

ではいったい、どの社会が経済生活が豊かで、文化・文明が他に比べて優越なのか。それは、さまざまな共有される価値基準がなければ、はかることができない。たとえば中国は、「世界一豊かな国、文化・文明の最先進国である」ということを国の自慢にし、韓国も「かつては東亜に冠たる世界一豊かな国だった」とし、朴槿恵《パククネ》大統領までが「韓国人は世界一頭の良いDNAを持つ民族」などと自慢するが、そういう国自慢にはなんの根拠もない。

産業革命以前や、さらに大航海時代以前の世界では、遊牧社会や農耕社会よりも、カルタゴやベネチア、さらには大モンゴル帝国のような通商国家の方が、市民社会の生活も国富もより豊かである。もちろん、栄枯盛衰は避けられない。ことに農耕社会は、気候の影響だけでなく地力に対する過剰な搾取と農業収穫逓減の法則もあるので、天災と戦乱が多く、飢饉と流民も日常化しているので、悲劇が多い。オリエントの中洋と西洋、インドもイスラムやキリストかヒンドゥーの宗教心が強いので、東洋社会はこれらよりも世俗化した社会であった。

東洋社会が、物欲はより強くても、宗教心の強い禁欲的な社会以上に豊かではなかったのは、たいていは国富が私富に変えられ、しかも富は一極集中しており、貧富の格差が大きいからである。中国の文人は二十一世紀に入ってからよく、「人類史の九五パーセントは中国人の時代」と富や力を強調するが、実際はむしろその逆であった。

経済社会史から見た中国の真実

「昔はよかった」という考えは中国人の代表的な時代観であり、それは、儒教思想から定着したものでもある。

中国人の社会主流意識はもちろん、人為を説く儒教思想だけではなかった。自然への回帰を説く老荘思想もある。ではなぜ、漢の武帝以後、中国は「法治」を捨て、「徳治＝人治」社会を目指し、「昔はよかった」という時代観と社会観が定着したのだろうか。中国歴代王朝の「正史」に記録されている史観と史説は、主に「徳の盛衰」という価値基準にもとづいて、易姓《えきせい》革命を正当化することがほとんどである。

「正史」の中で、経済・社会の諸現象は主に「食貨志《しょっかし》」や「五行志」などに記録されているが、それだけではなかなか中国の経済・社会史の史実を知ることは難しい。日本の大学や大学院には、「西洋経済史」や「日本経済史」の研究科目があっても、「中国経済史」は著書があっても、研究者はほとんどいない。その理由は多々ある。儒教思想は農本主義にもとづく思想であり、「克己復礼は仁なり」という「古代の伝統秩序」の回帰を目指すものである。

もし「徳」という理論からではなく、「自然」から中国を見れば、なぜ中国は二千年以上にもわたって孔孟の儒教思想を国の本にしたのかという理由がすぐわかる。それは、時代とともに経済も社会も貧しくなり、いわゆる「貧窮落後」が加速度的に進み、地獄に落ちていったため、「昔はよかった」という儒教思想の「尚古主義」にしがみつくのである。というのは、中国は二千余年も前に、すでに「回帰」できる「自然」が消えつつあったのだ。

紀元前二二一年に秦の始皇帝が中国を統一する前は、「先秦時代」と称される。そこから時代を古代へ、春秋戦国、夏商（殷）周「三代」、さらに伝説の時代へと遡っていくと、「三皇五帝」の時代がある。

最初に黄河中下流域の中原地方にやってきた夏人の起源は、マレー・ポリネシア系をはじめ、さまざまな説があるが、私はマレー・ポリネシア系だと考えている。夏人に代わって中原の盟主となったのは、これも多くの説があるが、甲骨文字の順序と配列から考えれば、私は南方系の民族であると考えている。周人については、西からやってきた半農半牧の民であったという説が主力である。

黄河文明に先行する長江文明は、上流から、蜀、巴、楚、そして楚が滅ぼした下流の呉・越である。儒教が「昔はよかった」という尚古主義の思想をもつのは、春秋・戦国という下克上と覇権争いによって天下秩序の崩壊した時代背景もあるが、周の時代は殷・商の時代に比べて産業技術もかなり後退し、物がますます少なくなり、有限資源をめぐる争奪戦が激化する時代になったことも原因である。戦国末期の『韓非子《かんぴし》』は「昔は人が少なく物が多かったが、いま現代は物が少なく人が多くなったことが戦乱の理由である」と、明快にその理由を突き止めている。

古代中国のエネルギーは、もっぱら木炭によるエネルギーである。歴史記録から見るかぎり、中国には「大禹治水《だいう》」をはじめ、木・森を伐採した記録はあっても、植林の記録はほとんどない。ことに「大禹治水」は、木を植えるのではなく、木を伐採して治水をしたという伝説であるが、これはじつに滑稽にして、なかなか信じられない。

『孟子』も『韓非子』も戦国時代の森林の消失について、その理由を説いている。司馬遼太郎は、中華文明のピークは漢の武帝の時代だと説いている。大量錬鉄のために森林が大量伐採されたので、唐と宋の時代になると、中国には詩詞や書画などしかなかった。物質文明は時代とともに消えていく。

もちろん、森林の消失は表土の流出、砂漠化、地力の消失とともに、いっそうの自然と社会環境の劣化を連鎖的に昂進させていく。約二千年も前の時代に入ると、中原の大地はすでに山河の崩壊を加速的に昂進させていた。天災と戦乱が昂進する理由は、山河の崩壊以外にも、人口の過密も、天災と戦乱が昂進する理由の一つとなっている。

梁啓超《りょうけいちょう》らの統計によれば、戦国時代の人口はすでに三千五百万人に達し、漢代の人口は関中地方に密集。ことに黄河南岸の郡は、ほとんど人口が百万人を超えていた。たとえば汝南郡では、一平方キロメートルの人口がそのときすでに七百人を超えている。

中国史には、文景《ぶんけい》の治や貞観《じょうがん》の治など安定にして繁栄の時代もあったが、それはせいぜい数十年で、やがて地獄に転落していく。たとえば、中国人が最も尊敬する漢の武帝の父祖である、文・景帝の時代は豊かだったが、武帝の代になると人口は半減し、皇帝・太子の両軍が都の長安城内で対決し、巻き添えになった都民に数万人の死者が出た。「人類史の九五パーセントが中国人の時代だ」という中国人学者の主張は、あくまでファンタジーにすぎない。

中国の「正史」を読めば、彼らがホラ吹きだとすぐにわかる。人類史には見られない中国史の特質として、まず戦争のない年がないことと、飢饉の国であることが昔から知られている。近現代以前は中国人の時代だったどころか、むしろ人類の阿鼻叫喚の地獄だった。

漢の時代は西方の西ローマ帝国と併称される東の覇者だったが、漢末の黄巾の乱により天下は崩壊し、ホームランドの中原地方にまで五胡といわれる諸民族の外国人労働者が入居。五胡十六国と称される時代には、中原の地はすでに漢人と胡人が半々になっていた。漢人は北方の胡人に追われ、百越の地――江南へと下っていく。いわゆる六朝時代である。隋唐は胡・漢の貴族が天下に君臨する時代となり、隋唐の皇帝はトルコ系（鮮卑・突厥）だった。唐以後には、宋（華）、元（夷）、明（華）、清（夷）と、約千年の間、華・夷（モンゴル人・満州人）が交代で、中華世界を中心に東亜世界に君臨した。中国人が地獄から抜け出せたのは、ただモンゴル人と満州人に統治された時代だけであった。

社会が安定しないかぎり、豊かな経済生活は不可能であることは常識である。中国人が地獄に落ちたのは、自然と社会環境の連鎖的な悪化がその原因だった。

鄧拓《とうたく》の『中国救荒史』（北京出版社、一九九八年に再版、戦前和訳もあった）によれば、中国の天災は時代が下るとともに以下の三つの現象が見られるという。

1　天災は時代が下るとともに局地から全国に広がっていく。

2　水害・旱魃は、蝗害・疫病を伴い、複合的に悪循環を繰り返していく。

3　水・旱の周期は年々短くなり、飢饉が深刻化していく。もちろん大飢饉に伴って、「共喰い」が大発生する。たとえば、一九六〇年代の大躍進の失敗の後、「村々で共喰いが起こった」という記録が多く残っている。詳細は拙書『中国食人史』（前衛出版社、漢文）

二千年にわたる中国の経済社会史は、富の一極集中以外には、飢饉史と流民史で語られ、これが中国経済史の主題となっている。

急拡大する軍事力と経済力

中国経済の急成長と規模の急拡大は、いわゆる鄧小平の「南巡講話」の後、九〇年代後半からのことであり、ことに世界一の外貨準備高と世界二位の経済大国となったことが刮目される。

経済規模は、わずか三〇年未満で六十余倍か百倍にまで急拡大したといわれる。文革後の中国は原始社会同然に戻っていたので、経済はゼロもしくはマイナスからのスタートであるから、スタート地点をどう設定するかによって、百倍どころか千倍に膨らんだという計算もできないことではない。確数ではなく心理的に、民衆が「好景気に沸く」のがごく当たり前だと考えられる。そこで彼らが、「中国人の時代がやってくる」「中国はすでに強くなった。二十一世紀は中国人が決める」という中華思想を丸出しにしたことは、理解できないことではない。この心理的要素と中国の現実から、中国経済をどう見るべきか。中国を知るためには欠かせず、見逃してはならないことである。

そもそも中国人はユーラシア大陸の砂漠・草原地帯の遊牧民とは違って、数千年来の農本主義にもとづく重農軽商国家であり、自力更生の社会から「改革開放」によって、他力本願の経済に一八〇度転換し、通商国家に急変貌した。「十億人民九億商、還有一億等開張」（十億の人民は九億が商人、残る一億は商人になろうとしている）である。

全民が農民から商人に急変したことで、彼らは経済の分野だけでなく、日常生活から価値観、世界観に至るまでの文化面でどう変わったのか。「経済」に限定せず、中国人のビヘイビアからメンタリティまで、どう変わり、これからどう変わっていくのか。中国「事情」や「常識」として見逃してはならない視点のひとつでもある。

この章では、中国経済の特質についてふれながら、よりわかりやすく知るために、以下のように箇条書きでとりあげたい。

①経済のみ単独で存在することができないだけでなく、常に政治を中心に文化ともからんで連動する。

②マックス・ウェーバーが「家産制国家」と称したように、中国人も自称「家天下」と称し、天下は一家一族のもの、やがてプロレタリア独裁を掲げる一党のものとなる。国富民貧や「剝民肥国《はくみんひこく》」といわれるごとく、国と民はあくまで対立的存在となり、国民国家でも国民経済の存在は本質的にはありえない。

③水資源をはじめ、あらゆる意味でのエネルギー資源の争奪戦は数千年来ずっと続いてき

たが、これからも永遠に続いていく。

「改革開放」後、中国は経済大国化するとともに軍事大国化が推し進められてきた。この経済力と軍事力の急拡大は、中国経済にとっては本質的にどう変わっていくのか。

④経済力の膨張は、資源と環境問題においては、中国から地球規模へと問題が拡大している。深刻化する問題は、ほとんど解決策がなく、先送りされるのみである。

⑤中国が直面する最大のジレンマは、環境か経済かの賢明なる選択と決断である。

⑥中国経済の膨張は将来の確実性と持続性を欠く。国内外の政治的、社会的環境変化、人的、財的、技術的な裏付けもない。幻想と夢しかなく、よくても希望的観測しかない。

⑦「改革開放」後の経済急成長は外資とその技術のみに依存している。過剰投資による他力本願の経済である。

⑧「中央に政策あれば、地方にも対策がある」という諧謔（流行）語に象徴されるように、二千余年前の中華帝国以来の中央と地方とのもっとも基本的な対立は、改革開放後に「地方の山頭主義（縄張り主義）」と「中央覇権主義」と称され、「中央の政治的求心力」対「地方経済の遠心力」の拮抗が続く。それだけでなく、利益vs権益という対立は、二千五百

年以上にもわたり、呉越の争いは上海と広東との対立としていまでも続いている。
⑨経済が神様に属する分野であることは、その因果関係が多系的多元的因果によって生まれたからである。経済学の原理原論の枠外に属するブラックマネーは約四〇パーセントともいわれ、アングラ経済は神様でさえ知らない。キャピタル・フライトを阻止する手はない。それは、非経済的、超経済的な手で百鬼夜行しているからである。中国のキャピタル・フライトは、二〇〇〇年から約四兆ドルと推定される。はたして二十年後に世界最貧国に転落するかどうかは、誰にも断言できない。ただヒト、カネの祖国大脱走は、ますます昂進していくことだけは確かである。
⑩中国の外貨準備高は目下どうなっているのか。確認することは難しい。財政赤字はますます増え続けていくことは確実である。ことに中国の債務総額については、マッキンゼーの国際研究所の調査では、すでにGDPの三倍近くの二八二パーセントにまで膨れあがっている。それ以上にあるという説も少なくない。日本はかつて中国に西原借款※を踏み倒された経験もある。中国経済の行方について、中国のペテンには警戒すべきである。

西原借款——第一次大戦中に、寺内内閣が北京政府に供与した借款。回収不能となった。西原は寺内首相の私設秘書で、この案件を担当。

中国経済の「常識」

もし時間のスパンをもっと伸ばして、千年単位で中華世界を見れば、この社会はそもそも定住農耕の世界であった。

秦漢帝国以前の約二千余年にわたる黄河文明の中原も、長江文明の蜀、楚、呉、越も農耕社会だった。

史上甲骨文字や金石文字などの共通の漢字という交信のメディアがあっても、共有の漢語がない理由は、夏人も殷人も周人も同一語族ではなく、楚人も越人も共通の言語がなかったからではないかということから連想できる。今日に至っても、湖南人の湘語、上海人の呉語、広東人の越語はほとんどが互いに通じていない。秦が漢字の字体・字型を統一しながらも共有の漢語を創出することはできなかったことも、中華世界が二十世紀に入ってからも共通語をもたなかったことも、言語史と文字史から見なければならない。中華世界は言語に制約されているので、文字によって人間の性格と限界がおのずから生まれる。

中華帝国はオスマントルコ帝国とは違って、多種の公用語を認知するのではなく、官話を主言語に、ノンキャリアの吏が官話を地方語に通訳するというシステムがいまも続いている。しかし、共通する社会の経済的基盤はあくまでも農本であった。重農軽商の理由もこの経済社会の構造からくるものである。

約二千年近くも前に漢が滅び、天下が崩壊し、長城が役割を果たさなくなった。「五胡」(匈奴・鮮卑・羯《けつ》・氐《てい》・羌《きょう》など五つぇびす)と称される北方の夷狄が外国人労働者として漢人のホームランドに入り、漢人は南方百越の地に追われた。漢語の語幹にまでアルタイ語が入っても、変わらなかったのは農本主義だった。

春秋時代の尊王攘夷から楚漢の争い、呉楚の乱は、基本的には南人vs北人、長江文明vs黄河文明の衝突だった。五胡十六国、南北朝から、遼、金、夏と宋との争いは、主に牧民vs農民という南北の争いだった。

モンゴル人と満州人の中国征服から改革開放までの「三農(農村・農業・農民)問題」は、たしかに生態的問題であっても、史前から数千年来の農本主義問題の集約的課題でもある。中国の南人と北人の対立は、すでに超古代から二十世紀の「南京政府」対「北京政府」、日中戦争の北方親日諸政権まで続いていた。

北方遊牧民の、モンゴル人の大元、満州人の大清の時代に至るまで、君臨した中華世界では農本が主役だった。もちろん、危機がなかったわけではない。モンゴル人が中華世界を征服した後、フビライ・ハーンは中華世界をすべて牧場にするつもりであった。しかし、遼の耶律楚材《やりつそざい》（一一九〇〜一二四四年）の建策、「農は牧よりも多くの税金を取れる」という計算で、農本主義は、毛沢東時代だけでなく、「改革開放」の時代でも三農問題と盲流（民工）の問題として最後に残っている。

中国経済を見るにあたって、少なくとも中国史にあるこの農・牧の相克から、産業革命と市民革命後の近代国民国家の国民経済から二十一世紀のグローバリズムから生まれたBRICSの世界像（全体像）を見ないと、いま現在の「改革開放」後の「通商国家」に急変貌した中国の経済の現在とこれからの行方について、全体像を見ることは不可能である。

これからの中国経済の行方に限界は多い。少なくとも以下の十大課題に目を向けなければ、中国経済の「常識」には盲目だといえる。

①数千年来の農本主義は、社会主義経済の放棄により、「改革開放」をスローガンに、まったく異質的な通商国家に急変貌した。この経済の急変質により、いわゆる「三農問題」の解決は絶望的で、「安楽死」を待つしかないのか。「農村と都市」の問題はどうするか。年々の「価値観」と文化の急変貌、時代の急変についていくことのできない精神病患者は、すでに一億人を超え、十年から二十年以内に少なくとも四億人にまで急増すると予

測されている。物心の問題をどうクリアしていくのか、これからの中国は決して楽観視はできない。

②世界最大の通商国家に急変貌した中国の存立条件は、通商相手国の繁栄と購買力であり、それらがあっての存在である。共存共栄が絶対に欠かせない。ベネチアの衰亡は、通商相手国のドイツが三十年戦争によって、ベネチアの製品を購入するための経済力を衰退させたのが主な理由であった。自己中の中華思想が、これからの中国のネックとなろう。その集中的な表現は、習近平政権が公言した「中華民族の偉大なる復興の夢」と人類の夢との対立である。

③中国の経済数字についての信頼性が薄いのは、文化的、社会的な理由があるが、政治的、経済的な理《ことわり》もある。中国経済は超経済的な特質をもつので、外部だけでなく内部の国家指導階層でさえ、把握できないことが多い。たとえば、シャドーバンキングのブラックマネーは、推定で中国全体の四〇パーセントもある。毎年の銀行総予蓄金が、年間総収入よりも多いなどなど、不可知の謎がじつに多すぎるのである。

④七〇年代にローマ・クラブが発表した、「人口爆弾」や資源、環境などなどの諸問題以前に、すでに二千余年も前の漢の時代から中国の人口爆竹は黄河流域から炸裂し続けてきた。しかも、天災、戦乱、易姓革命と連動しながら、人口と資源の危機が繰り返され

てきたのである。その一例として、漢の最盛期には約六千万人（奴隷を入れると一億人と推定される）あった人口が、三国時代には七百万人前後に激減している。以後は人口爆竹が炸裂を繰り返してきた。もしマルサスの「人口論」が中国史の人口爆竹を取り入れていれば、もっと説得力があったと思われる。

文革後、中国は一人っ子政策を断行したものの、少なくとも三つの問題を抱えている。

（A）重男軽女の伝統から、男が女よりも多く、「性差」の問題が極めて深刻で、戸籍のない黒人黒戸も多い。

（B）早くも、日本以上の「少子高齢化問題」がやってくる。経済生産力に大減退が必至である。

（C）いわゆる、「四・二・一症候群」がますます深刻化する。四人の祖父母と二人の親が一子に「孝」を尽くすという伝統倫理の逆転が起こり、一人っ子は「小皇帝」とも称される。これからは、兄弟姉妹のない家庭家族に大変貌する社会となろう。

⑤文化的にも伝統的にも、「道」の国・日本とはまったく逆で、芸・能・技は末と考えられている。日本では、芸能をもつ人間が「人間国宝」とまでされるが、中国では最低の人間とされる。そもそも易姓革命とは、「強盗の理論」であり、国盗りを正当化する論理である。自ら芸と能を極めるよりも、パクることが、いままでの産業を支えてきた。

中国的な考えでは、「勝てばすべて自分のもの」である。いかに「技術開発」と「創意工夫」をするかということではなく、「勝てば世界のすべてが自分のもの」なのだから、軍事力の増強によってどうすれば勝つかということしか考えない国なのである。

十九世紀中葉以来の自強（洋務）運動の「中体西用」という物質文明観は、「改革開放」後の「社会主義（中体）市場経済（西用）」の科学技術観とほとんど変わりがない。要するに、中国は戦争に勝たなければ、パクることのできる技術がなくなり、中国経済は世界から消えていく。そのような限界がある。

⑥フランスの市民革命以来、自由と平等は並称されてきたが、東西冷戦を経て、平等と自由は、兼有、両得ができず、共存共栄が不可能な対立的なものだったことが証明され、二者択一的なものであることは、世界の「常識」となっている。国共内戦を勝ち抜いた人民解放軍は、中華人民共和国を旗揚げし、「平等」を社会原理としたものの、「均貧」しか得られなかった。だから、文革後、「先富起来」（先に富めるものからの国造り）をスローガンにしたが、先に富を得たのは特権階級であったから、人民共和国は「権貴《けんき》資本主義」とも称される。格差の拡大は世界的な傾向であるが、中国ではそれがもっとも「突出」している。それは、いわゆる「権銭《チェンチェン》弁証法」という超経済的な手段によって獲得したものである。私富に変えていかれる国富の総金額は、御用経済学者によってGDPの

十数パーセントと推定されているが、実際は二五パーセントから五〇パーセントにまでのぼるという説もある。ことに習近平《しゅうきんぺい》主席の時代になると、「打老虎」という汚職追放の掛け声の中で失脚した党軍幹部の私財は、日本円に換算して千億円や兆円単位である。社会主義史上最大の富豪とされる鄧小平一族については、孫娘がアメリカ国籍であり、オーストラリアから北米まで逃げ延びた鄧一族の私財の総金額は十兆円以上と伝えられている。中国の「権銭弁証法」を実践した革命一族の腕は、じつに驚くほど凄いという一言に尽きる。

⑦中国の経済成長は、あくまで資源が無尽蔵で、環境問題は絶対に克服が可能という前提のもとではじめて達成ができるものだ。しかし中国の資源枯渇の問題は、すでに二千余年も前の戦国初期に提起されている。地上の資源はすでに先祖代々によって喰い潰されており、毛沢東が「一窮二白」と嘆くほどだった。近代になって、地下資源に期待したものの、実際は「人口最多、資源最少」と指摘されたのが、「改革開放後」である。だから、中国が直面する資源問題は、深刻を極めている。地球規模の資源鯨飲か買い漁りしか生きる道はない。中国の生存条件は、地球規模の資源争奪戦に勝つしかない。

⑧環境問題については、中国はすでに二千年も前からの山河の崩壊による天災と戦乱の拡大再生産によって、二十世紀に国土の崩壊を迎えている。「改革開放」により、空から

河川、湖沼、海洋、大地の複合汚染により、環境は死へと進行する。すでに国土の黄泉《よみ》化が昂進し、沈みつつある。一年分の環境汚染は、三年分のGDPに匹敵するという算出まである（鄭義の『中国之毀滅』）。有毒食品の汚染と環境の汚染によって、改革開放後の約三十年未満で、全国生育年齢の夫婦における不妊率が二～三パーセントから二五パーセントにまで昂進中である。「建国百年を迎える時期、少なくとも半世紀以内には、中国は『亡国滅種』の危機に直面している」と、中医学会が「種の絶滅」を警告しているのである。

⑨中国は年八パーセントの経済成長率がないと、完全雇用が維持できない。年に千五百万人から、それ以上の、生産予備軍が待機しているからである。実際、大卒でも半数近くが就職できないという状況がいまも続く。だから都市部のアリ族やネズミ族が増え続けている。実際、中国の経済成長はすでに二〇〇七年をピークに下落を続けている。二〇一四年末には党の「成長から安定へ」という経済政策を転換。八パーセント台の経済成長率を守れなくなると、いったいどうなるのか。二〇〇〇年から国内の治安維持費はすでに軍事予算を上回っている。いわゆる「保八」（八パーセントの経済成長率を保つ）ができなくなると、国内の安定が最大の課題となろう。

⑩中華民族の夢と人類の夢が衝突する中国の夢また夢について、十三億の夢と七十億の夢

との衝突になるというチャイナ・ドリームは、十三億というよりも八千八百万の中国共産党員か、ただ習近平一派の「白昼夢」にすぎないと反論する中国人も少なくない。もし十三億の夢でなければ、習近平があれほど繰り返し連呼して、絶叫することもなかろう。問題は数よりも、「中華民族の偉大なる復興の夢」とはいったいどういう夢なのだろうかということである。まず、「中華民族」は「幻の民族」である。漢族と非漢族の共和を掲げる康有為《こうゆうい》、梁啓超ら維新立憲派が「幻の民族主義」を百余年以上にわたって錬成しても、チベット人、ウイグル人、モンゴル人などは不協和音を奏でている。中華民族とは同化という文化虐殺、つまりカルチャー・ジェノサイドを前提とする民族主義だから、「偉大なる復興」は存在し得ないし、「幻の中華民族」そのものだけでなく、内外との「文明の衝突」やら「文化摩擦」が避けられない。「中華民族の夢」とは、中華思想から生まれたはかない夢というだけでなく、独善的な尚古主義思想として、十三億と七十億、中華と人類との文明衝突と文化摩擦が避けられない。中華思想の集中的表現としての「中国の夢」は、人類への挑戦を前提とする人類の禍機という一言に尽きる。

「中国崩壊論」を徹底検証する

中国崩壊説に対して、「中国崩壊、崩壊と言い続けても、むしろ逆にますます脅威になるのではないか」という疑問をもつ人は少なくなかろう。

そういう疑問をもつ人がいることは、むしろ「常識」とも思われる。しかし、「崩壊」という一言だけでも、その意味内容はさまざまある。経済の崩壊から、国家、社会、文明に至るまでの、いったいなにを指すのか。まず「概念規定」によって、共通の概念を確認しなければならない。

「中国必亡論」の著書はすでに戦前に見られ、私が小学生だった時代から、国共内戦に敗れて台湾に逃れてきた中華民国政府は、年がら年中「共匪必亡、建国必成」というプロパガンダを行い、それを唱和しない不逞の輩の運命はじつに悲惨だった。

中華帝国歴代の王朝は、「易姓革命の国」として、長くても二〜三百年で天下に君臨する主（天子）が交替することがよく知られている。漢以後からは北方の夷狄も中原に入って中華世界に天子として君臨した。モンゴル人の大元や満州人の大清は、よく知られている夷狄の王朝である（詳細は拙書『中華帝国の興亡 「歴史の罠」から抜け出せない隣国』ＰＨＰ研究所、二〇〇七年)。

二十世紀に入ると中華世界はいっそう不安定になり、ことに辛亥革命後、帝国から民国、そして人民共和国と、三度も国体と政体が変わり、人民共和国でも毛沢東時代の共和国と鄧小平以後の共和国とは、国名が同じでも体制はまったく逆である。

しかし、日本の文化人の中には、中国の主張を唱和して、中国は「永久不滅」だと説くものが少なくない。それは、中国の一部の文化人が唱える「支配階級のみが変わって、中国の文化・人民はほとんど変わっていないのだから、それは永久不滅なのだ」というわけのわからない説に迎合する考えである。

二十世紀の中国人だけでなく、世界からも中華世界の国家崩壊を見てきた。漢の黄巾の乱の後、天下が崩壊し、仏教は中華世界だけでなく、ユーラシア大陸東半の主流信仰とエートスにもなっていた。中華文明は唐に至って、実際の拡散力はすっかり消えてしまった。

経済崩壊は必ずしも国家や体制の崩壊をもたらすとは限らない。大躍進の失敗によって経済が完全に崩壊しても、数千万人の餓死者が出ても、文革で切り抜けた。文革で政府や経済が完全崩壊しても、軍だけ残って、中国共産党は相変わらずプロレタリア独裁を守った。人民共和国が強靭な生命力をもつことはたしかである。

中国人は餓死者が数千万人も出ても、文革の被害者が一億人以上といわれても、文革後には体制が社会主義から権貴資本主義（ムッソリーニやヒトラーのファシズムやナチズムと同質の国家社会主義）になっても、プロレタリア独裁を続行可能とした。国名を変更せず、そのままの「人民共和国」を掲げても、「名を正さん」という声が出ない、もしくは出せないということには、考えさせられることがじつに多い。南宋はモンゴル人に滅ぼされ、南人は最低の第四階級に落とされた。満州人のアイシンカクラ・ヌルハチが「七大恨」を掲げて後金国を建国し中国人を植民地統治しても、もちろんそれを亡国と認めて反抗した者は決して絶無ではなかったが、大多数の中国人はやはり奴隷になりたがった。征服者の祖父を元太祖や清太祖と追諡《ついし》し、すぐに熱烈歓迎するのが中国人的性格である。中国の文化人は自嘲して、「認賊做爸《さは》」（強盗を父と認める）、「有奶《ゆうない》就是娘」（乳を飲ませてくれる者はすべて母と呼ぶ）などという。現代的用語にすれば、これらはいわゆる「ストックホルム症候群」である。

もし日本が先の大戦でアメリカに敗れなかったら、中国人は昭和天皇の祖父である明治天皇を「和太祖」と追認したに違いない。それが中国である。

この自民族が恨み合い、殺し合い、潰し合う、好戦的な国としての中国については、すでに十九世紀頃から内戦の歴史経験からみて西洋の脅威となるのではないかと、よく知られる代表的なアナーキストであるバクーニンまでが憂慮していた。バクーニンは第一インターナショナルの頃にマルクスと対立したことがよく知られている。一八五七年に流刑の地・シベリアに送られたバクーニンは、六一年に脱走し、中国、さらに幕末の日本とアメリカを経由してロンドンに亡命している。

バクーニンは中国の脅威について、「膨大な人口は出口を探さなければならぬ。中国は絶え間ない内戦の中で精力を鍛えて強烈に好戦的な群衆をもつ」と説いている。そして、「欧州最新の文明の成果と規律が、中国人の原始的で野蛮な、人道観念の欠如した、自由を愛好しない本能という奴隷根性と結合すれば、やがて欧米の脅威となる」と警告したのである。すでに百余年も前にバクーニンがそう警告し予言していた。それから約半世紀（未満）が経った後で、日清戦争が起き、やがて一九〇〇年に義和団の乱（北清事変）、そして日露戦争となる。

中国人が「平和愛好」というのは、ホラ吹きで「孫大砲」というアダ名をつくる孫文の説である。毛沢東は孫文よりは誠実で、よく本音を口にする。毛沢東は文革中に、アルバニア軍事代表団に自慢話として、「中国人が平和愛好というのは嘘だ。じつに極めて好戦的で、それをいう私はほかならぬその一人だ」と打ち明けたのだ。習近平の「中国の夢」はむしろ、全人類を敵にする極めて独善的にして挑戦的な中華思想の集中的表現となる。

とうとう世界も見放したか

江戸儒学者は海の向こう側の中国大陸を、「聖人の国」「道徳の国」または「仁の国」と呼ぶ。戦後でも、文化人をはじめ中国学者は、人民共和国を「ハエも蚊も、ネズミも泥棒もない地上の楽園」と礼賛し流布した。「文革」になってもなお、「もう天国は近くなり」と礼賛の声が響き渡っていた。

同時代の中国学の重鎮・衛藤瀋吉《えとうしんきち》東大教授は、「あれほど、数千人も中国専門家がいる中で、一人として文革と林彪《りんぴょう》の失脚を予想したものはいなかった」と嘆いていた。

明治以後の日本の支那学者や東洋学者には、たとえば内藤湖南やら宮崎市定《いちさだ》などなど、中国の国学者以上の支那研究の大成者が輩出されているが、江戸の儒学者の中にも、ユニークな大成者は決して絶無ではなかった。

しかし、中国について見る限り、むしろ大家よりも江戸国学者の方が中国を見る眼がより鋭い。たとえば漢意唐心と和魂和心との比較も、その一例である。それは文字からではなく、物事の本質から中国を見るからだろうか。

というのは、漢字・漢文のメディア体系は、古文であればあるほど、文章・字句は、書写体系の制約により、かなり圧縮される文章体系である。ゆえに、注や、注の注である「疏《そ》」がないと読むことができない。たとえば、『孫子十家注』やら、『論語』の「正義」や「注疏」はなおさら多い。読み方も意味も決して同一ではなく、決して完成された文字体系ではない。大家でさえ、せいぜい「一知半解」に止まっている。漢文は一字多義、一字多音、すなわち一知半解の文字体系だから、日本が開発した漢字・カナ混じりの文章体系が完成してはじめて、完全な文章体系として完成したといえる。

そのうえ、漢人にとって共通の漢字があっても、共有の漢語はない。日本の中国語の大家や古代史の重鎮でさえも、毛沢東の発言（談話）をまったく聞き取ることができない。もちろん中国人でも同様で、毛沢東にかぎらず蔣介石の談話を聞き取れる者は、同郷人に限定される。同様の経験は私にもある。

漢字・漢文をどう読むのか。やっと二十世紀に入って、約三千にものぼる表音字母が開発されたものの、現在台湾で採用されているのは、「カナ」に似ている「注音字母」であり、北京の方は「普通語」（マンダリン）として、ローマ字（ラテン文字）の表音記号を使用している。

清王朝は満蒙の連合帝国だから、対外の条約では満蒙文とラテン語が使われていた。アヘン戦争後の南京条約からはじめて漢文が附記され、皇帝の詔書も満蒙文が主文で、漢文は附記にとどまっていた。ことに漢文は曖昧な文章体系にして条約に使う文字としては不適で、勝手に解釈されるとトラブルになる。そのため、近代国際法の慣例としては、英文が基準とされる。

漢文の古典は、数百年単位の時代にわたり集団編集されたものが多く、しかも古代は託古（古代聖人の名を借りる）が流行っていたので、偽作も多い。たとえばその一例として、すでに漢代から「古文尚書」と「今文尚書」の真偽についての論争があった。清初の考証学の発達によって二千年近く経ってやっと、「古文尚書」は孔子の子孫である孔安国《こうあんこく》による偽作であると解明された。少なくとも「考証学」や「弁偽学」の基礎知識がないと、「古典」の真偽については無知のまま、史料として使用されるおそれもある。

日本人はすでに神代から純と誠、つまり明るく清き心という伝統的な性格をもつ。したがって、中国の古典に記された「あるべき」という主張は「ある」と読むことが一般的だから、中国を「道徳の国」と読むことが一般的である。なので、誤解は避けられない。ことに中国人については（アメリカの伝教師・アーサー・スミスによれば中国人は「曲解の名人」と称されるが）、彼らに対してはなおさらのことである。

私は従来、中国人の話については、「逆聴法」と「逆観法」を薦めてきた。たとえば、中国が「正しい歴史認識」を押し付けたら、それは「正しくない」と知ればよい。そうすればすべて正しい。そう断言できるのは、中国人の民族性として、考えていることと口にしていること、やっていることがまったく異なるというメンタリティとビヘイビアをよく知っているからである。もちろんそれは決して私の独創的な考えではなく、たとえば徳富蘇峰の主張からよく学んだからである。

　もちろんそれは決して政治や文化に関する話だけではない。経済について見る際も、その基礎知識は絶対に欠かせない。ことに経済数字については、疑問を抱くことがますます多くなる。それは、「数字」についての考え方と風習からくるものも多い。たしかに中国人は「嘘つき」「ホラ吹き」という性格がある。よく取り上げられるのは、「白髪三千丈」という言葉である。

　古代中国には「算経」があり、「礼楽射御書数」という六芸の一つに数えられる。「正史」や「古典」には、細かい数字の記録もあるが、たいていは「十中の九八」や「大半」など、どんぶり勘定の「概数」で書き記されたものが多い。ことに経済数字のもっとも基本の基本は人口数字である。中国の人口の謎については、当時の趙紫陽首相が八〇年代の訪日中にテレビの記者から質問された際、「天暁得《テンシャウト》」（神さましか知らない）と答えたことが、一時話題にもなった。社会主義経済としての五ヵ年経済計画において、中国は人口数さえ把握していないのに、どのように計画経済を行うのだろうか。計画経済に携わる専門家は五千人以上にものぼるのに、どんぶり勘定ばかりではたして「科学的社会主義」を実行できるのだろうか。首を傾げる経済学者は少なくない。

「四億の民、四百余州」もある支那はよく知られていても、すでに清の時代の十九世紀には、政府各部局の使用する人口数字は、三億から四億まで一億もの差が出ている。近年では通称「十三億の人口」とされているが、国務院の中での各省庁が出している人口数は一三億から十五億台まで、その差が約三億人もある。日本の人口数の二、三倍やアメリカの人口数にも匹敵し、人口の実数は十六億やら十七億という説もある。日本の土地調査はすでに四百年も前の太閤検地で完了しており、台湾も約百余年前の二十世紀初頭、後藤新平の三大調査で完了している。台湾の後に続くのは朝鮮についての国土調査であるが、五万分の一の地図を作成したところ隠田が納税田の約倍も発覚し、農地が倍増した。中国はやっと、二十世紀末の九〇年代に土地調査を行い、その際に四〇パーセントの隠し田が発覚した。中国の近代経済はスタートしたばかりで、規模が大きくても、開発途上国よりも過剰な開発国家として、どんぶり勘定の国であるから、正確な経済数字を求めることは難しい。というよりも絶望的である。

中国経済は二〇〇七年をピークに、成長は乱高下しながら、鈍化の一途をたどっている。「中国経済は危うい」という話は、経済成長率の鈍化以外にもある。九〇年代後半から、株は上場とともに乱高下を繰り返し、ことに二〇一五年の夏に至って、人民銀行の利下げおよび預金準備率の引き下げ、大手証券会社二一社が上場投資信託（ＥＴＦ）に千二百億元以上投資、信用取引規制緩和、株取引手数料引き下げ、新規株式公開（ＩＰＯ）抑制、デマに対する取り締まり強化、人民銀行などへの預金支援、国有ファンドによるＥＴＦ購入、国有企業による自社株買推奨など国家総動員で株価の維持をしても、万策が尽き、ついに上海株式市場では三週間で株価が三〇パーセント以上も暴落し、約四百兆円が消えた。シャドーバンキングのショックの後に続く不動産バブルの崩壊、そして株の暴落などなど、中国の経済不安は世界から警戒されており、これからはいったいどうなるのか、さまざまな予測がある。

ジョージ・ソロスは「二年以内に中国は終わる」と厳しい。ノーベル経済学賞の受賞者であるポール・クルーグマンは長期的な未来予想で、「中国の停滞は三〇年続くだろう」としている。中国は長期展望でも暗い。

一時、「中国人の時代がやってくる」と世界に喧伝され、いまでも「中国人の時代」だという話題がひた走っている。しかし、ジム・ロジャーズは、「中国の時代は到来と同時に終わるかもしれない」と語っている。これは決して皮肉ではなく、中国経済の本質をよく突いている。

巨大国家として巨大人口を抱える中国は、さまざまな可能性をもってはいても、経済と財政だけは決して安定とはいえない。ブームや噂だけでも、株価は乱高下を繰り返す。経済史から見るだけでも、短期的にハイパーインフレが大発生する。ただの天変地異だけでも中国人はすぐにパニック状態になる。

戦後の例を見ても、終戦直後に南京政権が崩壊、重慶政府は一夜にして勝者となって南京政府を接収することになる。四川の山奥から出てきた国民党政府の官吏が南京に入ると、八ヵ月だけで米の価格は百余元から五万元まで、約五百倍に暴騰した。国共内戦に入ると、上海はハイパーインフレが昂進、「食堂に入ってラーメンを一杯注文し、食べ終わるまでに値段が数倍にも上がっていた」という話まである。当時台湾もその巻き添えを食って、ハイパーインフレが昂進したため、四万元を新台湾元一元にデノミをすることで、やっと中国との道連れ心中から逃れたのだった。そういう苦い経験は、小学生の頃の私の心に深く刻まれた。

第二章

中国と奈落に落ちる台湾経済

台湾への「常識」と「認識」を糾す

二〇一四年の訪日観光客数で、台湾からの観光客数は再びトップに戻った。人口たった二千三百万人の島国で、赤ん坊も入れて約六人に一人という訪日客は、誰から見ても想像外に違いないが、それほど日本に対する親しみを持っているのだ。

この現実とは逆に、日台の間に外交関係はなかった。日本人の台湾に対する「常識」や「認識」には、決して正確ではないものも少なくない。その理由は多々ある。無関心や無知以外にも、政治的理由もあるし、もちろん国民性や民風ということもある。日本人は神代から純と誠を大事にし、バカがつくほど正直か、少なくとも自分だけは誠実志向の者が多い。それを「美徳」とまでしても、日本以外の国の人間の生き様は、「純と誠」よりも、利害計算に強く、嘘つきもホラ吹きも日常的であることが多い。

台湾常識や「認識」が正確性を欠くのは、決して日本だけのことではない。本場の台湾でもかなり政治目的で正確性を欠く認識が広められている。九〇年代に中学二年生の「社会科」教科書に掲載された「認識台湾」を糾すだけでも、反発した中国人がその説明会場を襲撃した。日本でも「教科書をつくる会」などで同様の活動があったものの、反対者が会場を襲撃するなどという暴力沙汰にはならなかった。もちろんそこには、国柄や国民性の差が見られる。それは決して過去のことではない。いまでも、台湾では中国からの「正しい歴史認識」の意を汲んで、ひそかに教科書内容を変えるということがあったため、高校生が反対運動を起こして逮捕者や抗議自殺の高校生が出るほどだった。

認識の違いが許容されるかどうか、文化や国柄の違いにもよるが、その一例として中国は自国内だけでなく、日本をはじめ各国に、「正しい歴史認識」などなどを押し付けている。その際、習近平《しゅうきんぺい》の危機感から、人権派弁護士をはじめとして逮捕されたものがすでに三百人以上にのぼっている。裁判所で犯罪者を弁護する弁護士は、悪人の同路人（グル、同調者）や悪人を弁護しているという理由で、裁判所内で即座に逮捕・収監される例もある。

こういう文化と国柄の違いから、少なくとも以下の数点の「台湾常識」を糾したい。

①中国政府は「台湾白書」で、約二千年近く前の『三国志』・「呉志」や『隋書』などなどの記述を根拠に、「古より台湾は中国に属する」と主張している。もっと古い『尚書』・禹貢《うこう》篇を引用して、同様に、「台湾はすでに中国の絶対不可分の一部」と主張するが、その論拠は極めて曖昧にして滑稽である。そこでは、ただ「島夷卉服《とういきふく》」という四文字のみが論拠である。もちろんこの「四文字」のみで、台湾のみでなく、ほとんど島夷もな

く、海面下にある南シナ海まで中国の絶対不可分の一部となる。中国政府の公式主張では、中国は漢の時代からずっと南シナ海諸島を「管理」しているという。漢以後、歴代の王朝でさえ興亡を繰り返し、モンゴル人に征服された後の大元の時代を除いては、ほとんどが厳しい「海禁」を敷き、海に出ただけで「棄民」とみなされていたにもかかわらず、である。これについて、言語学者の王育徳教授や台北教育大学の李篠峰教授をはじめ、ことに統計学者の沈建徳博士は、古典や毛沢東をはじめとする国家指導者の発言などの二百項目以上で、中国が自ら「古より台湾は中国に属せず」としているという趣旨の反論をしている。

②そもそも台湾は瘴癘《しょうれい》の島、荒蕪の地、化外の地と称される多種族、多言語、多文化の島だった。蛮雨毒水の島とも称され、記録としては、屈強な外来者でも泉水を五日間飲んだだけで即死したとある。十九世紀後半の台湾には、「十去六死三留一回頭（戻る）」という「渡台悲歌」がある。大陸から台湾という「荒蕪の島」に渡ったら、十人のうち六人が死に、三人だけが生き残って一人は戻っていくという意味の歌である。じっさい、三割も生き残れず、強健な兵士でさえ三パーセントしか生き残れなかったという記録もある。そんな台湾を人間の住める島にしたのは、日本人の台湾領有時代に入ってからの、医療衛生環境の改善であった。私は黄一族の八代目であるが、族譜を見ると、五代目の

先祖たちの中で三十歳を越えていたのはただ一人のみであった。十九世紀末までの平均年齢はたった三十歳だったが、日本の時代に入ってからは六十歳以上にまで伸びたのである。

③台湾人は自称「四百年史」が「常識」である。以前は、倭寇の給水地、暴風避けのための地だった。中国人が台湾の存在を知ったのは、倭寇の襲来からである。はじめて台湾が世界地図に載ったのは、ポルトガル船が来てからであり、宋代の「華夷図」には海南島があっても、台湾の存在は知らなかった。オランダ人が台湾海峡のど真ん中の澎湖《ほうこ》諸島での築城をめぐって明と対立、明との条約協定で、明によって台湾の領有をすすめられた。それで、オランダを死地（台湾）に追い込んだとほくそ笑んだのは明である。「寸土必争」の時代とはまったく違う、歴史を知らない主張こそ、歴史に盲目であろう。

オランダ・スペイン・日本との台湾領有をめぐる競争でオランダが台湾を獲得し、その後、倭寇最後のボス・鄭成功《ていせいこう》が台湾を領有、清、日本、現在の中華民国と、外来の支配者が変わってきている。もし中国が「台湾は中国の絶対不可分の一部」と勝手に歴史を解釈できるのなら、オランダもスペインも日本も同様の主張ができる。

④台湾はかつて日本の植民地だったという「常識」をもつ者が多い。日清戦争後、下関条約第一条が朝鮮独立、同第二条第二項が台湾の日本への永久割譲となっている。その国

際条約にもとづいて、当時成立したばかりの大日本帝国憲法は領土変更についての明文規定がなく、新たに成立した台湾事務局（総裁・伊藤博文）にも台湾経営と法的地位について、意見が二分した。司法省の英人顧問ウィリアム・カークウッドと仏人顧問ミシェル・デュポンの意見も相違があった。台湾事務局委員の原敬（後に首相）は、普仏戦争後、フランスからプロシアに割譲したアルザスとローレンヌ同様に、九州や四国などの「内地の延長」とみなすべきと、英・仏顧問と異なる見解を出した。第一九回帝国議会の桂太郎首相（二代目台湾総督）の植民地発言をめぐって、第二一回、二二回の帝国議会では「台湾は植民地かどうか」をめぐる国会論争をはじめ、憲法論争など、終戦に至るまで、台湾総督府の実質的台湾経営は、「植民地」よりも「内地の延長」へ接近しつつあった。天皇陛下の「一視同仁」の御言葉はまさしく、象徴的である。台湾人は四百年史の中で、オランダ時代からすべてを「外来政権」とみなすが、私は、台湾史の歩みから見て、日本時代の五十年よりも中華民国の七十年の方が植民地統治という形態をとっているとみなしている。

通商国家として世界史に登場する台湾

一六〇〇年にイギリスはインドでイギリス東インド会社を設立した。オランダも一六〇二年にジャカルタ（バタビア）で、オランダ東インド会社を設立した。一六〇九年に、オランダ艦隊は徳川家康から通商許可を得ることに成功し、平戸に商館を設立。日蘭貿易をスタートさせた。

大航海時代後、東進するポルトガルと西進するスペインはかつて地球を二分した。しかし、一五八一年にオランダ共和国がスペインから独立し（承認は一六四八年のヴェストファーレン条約）、その一方でポルトガルとスペインが合邦した。

オランダはスペインから離脱した後、経済制裁を受け、イギリスと手を結んで海外のポルトガル領を次から次へと奪っていった。澎湖諸島をめぐる明との争いは、結果的に一六二四年に澎湖諸島を明に与える代わりに、台湾領有と明との通商を条件として講和にまで至った。台湾占有は、一六一三年にオランダ駐日平戸商館館長ヘンドリック・ブラウエルが東インド会社総督ピーター・ブースに提案したこともあり、日本とオランダ、スペインの三国をめぐる台湾領有の争いは、日本の鎖国とスペインの後退により、完全にオランダの手に入った。

オランダの台湾長官は、東インド会社の台湾支店長として、台湾を東アジア中継貿易の基地としてスタートした。

オランダはポルトガル、スペインとは異なり、重商主義といわれ、通商国家としての国是をもっていた。そのため、台湾は最初の外来政権であるオランダの時代から、東アジアの中継貿易の拠点としてスタートした。

南洋と東アジアをめぐるオランダとポルトガルの争いは、インド洋をはじめ、地球上全域にわたる。オランダ艦隊の三度目のマカオ遠征の隙を突かれ、台湾は最後の倭寇のボス・鄭成功の残党にとられた。オランダ艦隊が台湾奪還を諦めた理由は多々あるが、その一つは、同時代の東アジア全域の国際環境が変わったからであった。明が滅び、満州人が中国のみならずイスラム世界まで手に入れ、ことに東アジア全域はほとんど鎖国時代に入った。中継貿易の基地としての台湾の意味が、すっかり終わってしまったのである。

台湾は西太平洋の島鏈《とうれん》の接点に位置し、地政学的にはそうであっても、生態学的には東南アジア的、政治経済的には東アジア的な色彩をもつ。

地形・地政学的には、「高山国」と呼ばれるほど、三千メートル以上の高い山が三百近くある。そのため、気候的には、亜熱帯から温帯に至るまで、垂直的に気候の変化があり、高山では冬には雪が降る。文化的には、時代によってさまざまな外来文化があり、西洋、中華、日本など、文化・文明・文物が流入するが、広葉、照葉樹林文化が垂直的に彩っている。

ずっと二十世紀の初頭に至るまで、台湾の三分の二にあたる土地は「蕃地」と称され、原住民の地であった。実質的に台湾がひとつになったのは、第五代目の台湾総督・佐久間左馬太《さまた》大将が退役を延ばして、七十歳以上の高齢になっても高山に立ち、剽悍な山岳民族を征服してからのことである。

そもそも日本時代以前の台湾は、東南アジアの海洋部に似ていて、内陸には道路がなく、対外の交流はほとんど河口の港に頼っていた。オランダ以後の数百年の間、その通商国家としてのその性格はほとんど変わっていない。

台湾は清に統治された二百十二年の間にも、清からの断続的な海禁、山禁の間で、大陸にあるアモイと河口で通商関係を結んでいた。日本の時代には、樟脳、茶、米、砂糖など一次産品で、その経済を支えていた。

戦後になると、国内産業は中国型になり、ほとんどが国営の独占企業に押さえられた。中小の民間企業は活路を求め、競って海外へ進出している。ことに六〇年代に入ってからの台湾は、トライアングル貿易——米、日、アジアＮＩＥＳ（新興工業経済地帯）との三角貿易で面目躍如。アジアＮＩＥＳの優等生になった。

しかし、「有為転変は世の常」ということは、経済の世界においてもみられる。冷戦後、カネ余りは、第二、第三世界へと流れ、ＮＩＥＳに変わってＢＲＩＣＳが台頭し始める。台湾はアジアＮＩＥＳから脱落し、元の木阿弥になってしまった。経済が「神様に属する分野」といわれるのは、モノだけでなく、文化やら心という精神面の要因に左右されやすいからである。アルゼンチンは一時、「第二のアメリカ」と期待されていたが、急速に力を衰えさせていった。それは文化的理由も少なくない。経済大国になるのは、「ローマは一日してならず」とほぼ同様のことである。二十世紀の十大世界経済大国は、十九世紀のアルゼンチンが日本と入れ代わったぐらいのものだ。

通商国家の盛衰については、共通の原理原則が少なくない。台湾はベネチアと類似するところが多い。このことについて私はかつて、その歴史の共通性から取り上げたことがある。ベネチアの没落は環境変化による不可逆性として、地中海の時代から大航海の時代という環境の大変化以外に、イタリアとの統一を自ら選んだことについても、彼らに歴史を見る眼が欠けていたともいえる。

台湾は世界史に登場するとともに、地政学からも、新しい波として、通商国家としてのさだめをもっていた。それは、台湾経済史からも、その貿易立国としての史実が如実に物語っている。

もう一方の中国は、改革開放によって史上未曾有の通商大国になっている。未曾有の通商大国というだけでなく、グローバリズムの歴史の産物ともいえる。経済史的だけでなく、文化史的にも未曾有である。国際環境の変化にどう対応していくのか、国家指導者でさえ、軍事力の増大と国内の安定という国是を掲げるしかない。

大元帝国は通商国家として約一世紀を東亜に君臨した。モンゴル軍が長江を渡るだけで、南宋のほとんどの軍・民は、宋を捨てて、最下級の民になってもモンゴル人についた。しかし、大元帝国も、百年前後しか命脈を保つことができなかった。それはなぜだ。

台湾史についての「正しい歴史認識」

台湾の全体像については、「常識」外れの見方は少なくない。ことに歴史の全体像について、歪められていることが多い。この章の冒頭からすでに取り上げている。なかんずく台湾についての「歴史認識」である。

まず、台湾史について、どう見るべきか、どう評価すべきかについてである。「評価」については、もちろん私の主観的史評である。

史実として確認できるのは通称四百年史であるが、「文字」に記述される「歴史」だけでなく、生態、ＤＮＡ、さらに民俗、考古など諸々の上古から、私はかつて史前史の「新説」を試みたこともあった。しかし、数年をかけて「労多く、功少なし」。なかなか日本領台時期の研究成果を超えたとはいえなかった。戦後七十年、国民党政府はもっぱら台湾史の創作と捏造にこれ努めたが、逆に台湾史実の発掘と研究が盛んになり、歴史問題は日本に比べても対立が多い。

まず、私の台湾四百年史の外来政権についての「史評」として、最悪の筆頭の順序で並べていくと、鄭成功三代、国民党政権、清の暗黒時代、そしてスペイン、オランダ、日本という順序になる。

では、中国大陸からやってきた三代の政権がなぜ最悪の「史評」となるのか。それは決して、台湾人としての私だけの独断と偏見によるものではない。

中国史が如実に語るように、漢民族の政治は、その民族性から、素朴な北方夷狄《いてき》に比べて搾取と奴隷化が絶対にさけられないことは、歴代王朝の歴史がそれを如実に物語っている。たとえば満州人植民地統治下の中国は有史以来もっとも「幸福な時代」と評価され、一方で明の時代は中国におけるもっとも暗黒の時代とされた。それは、酷税（苛斂誅求）以外に、隅々まで特務の監視にがんじがらめにされていたことからもうかがえる。宮廷内には特務機構の東廠と西廠、それ以外に特務を監視する内行廠まで作られ、皇帝の逆鱗に触れると重臣でも廷杖打に処され、耐えられない老臣には死者まで出るほどだった。だから満蒙八旗軍が長城に入り、北京城外に駐屯しただけで、北京市民は家の前に「大清順民」と黄紙に大書して線香を焚き熱烈歓迎した。全中国人が満州人の奴隷になろうとして、満州人の統治を迎え入れたのである。それが「人心」ともいえる。雍正皇帝の誇りでもある（『大義覚迷録』に詳しい）。

もちろん客観的な比較史もある。中華文明に編入されてからの海南島は、中国の辺境のもっとも貧窮落後の地として止まっていたが、一方の台湾が日本文明に編入されて半世紀も満たない一九四〇年代に一躍、産業社会に変わったのはなぜだろうか。

海南と台湾だけでなく、中国西南部の原始社会の雲貴《うんき》高原と東北部の満州国もそうだった。中国人が雲貴地方に入ったのは、明末の十六、十七世紀からである。たいていは自己中の漢人が入ってくると必ず、原住民族と対立し、自然が荒廃していく。満州は清の時代に入ると封禁の地となり、解禁したのは回乱（イスラム教徒の反乱）後からである。日露戦争後、ロシア軍が南満から手を引き、満鉄が満州移民の大動脈となった。ことに満州国の成立後、満州国は飢饉と戦乱中国人の駆け込み寺として、年間約百万人以上の流民が長城を乗り越えて満州に流れた。日満一体の下で、満州国は戦闘機まで作れる超先進的な産業国家となり、戦後、満州は全中国の産業と交通の九〇パーセント以上を占め、名実ともに中国の生命線となった。国共内戦後、新生の人民共和国政府は満州国の遺産を喰い潰してから改革開放に切り替えたのである。

台湾が清から植民統治を受けた暗黒時代、いわゆる瘴癘、荒蕪、化外の地だった。下関条約の際、全権李鴻章が伊藤博文に警告した台湾の「四害」とは、土匪、生蕃、瘴癘、アヘンだったが、日本はこの「三年一小乱、五年一大乱」の難治の島を、半世紀未満で近代産業社会に作り変えた。

台湾の原始社会から近代産業社会への急変貌は、明治維新後の「文明開化、殖産興業」の第二の波と捉え、経済史上だけでなく、台湾史の一大事件とさえいえる。

その近代社会づくりは極めて科学的にして計画的だった。まず、後藤新平の土地、人口、慣習の三大調査から、近代産業社会建設が本格的にスタートしている。

瘴癘の島、人の住めない「鬼ヶ島」を、いかにして人の住める島にしたか。医療衛生の改善などの優生学的に風土病と伝染病の退治によって、平均寿命が三〇歳から六〇歳まで倍増し、人口も二倍〜三倍増までになった。治山治水によって食糧生産が四倍増し、台湾は一躍、米と砂糖の輸出の地になった。アヘン吸引は終戦の翌年で全滅。後藤新平の漸禁策は、国際的に高評を受けた。台湾とは逆に中国では、アヘン戦争後に国外からのアヘンの輸入ができなくなると、国内で大量栽培が行われ、二十世紀の三〇年代のアヘン吸引者は三千万人にのぼり、人民共和国の時代に入ると国民の四人に一人が麻薬経験者となった。いくらサッカー場で麻薬密売者を公開処刑にしても、中国人の麻薬嗜好依存体質はやはり生理的なものである。

そもそも台湾は匪賊社会だった。村から一歩でも出れば匪賊の地となり、匪賊と役人が二重に税金を取っていた。近代経済は社会が安定しないかぎり絶対に成り立たない。二十世紀人類の最大の夢は夜警国家だった。匪賊が退治され、代わりに警察が社会安定勢力になってはじめて、近代産業社会と貨幣経済が成り立つ。法治社会も成り立つ。日本警察がいまでも台湾で神様として寺廟に祭られているのは、警察と社会との関係を物語るものだ。

台湾では従来、メキシコの銀やアジア各国の銅貨など、百種以上の貨幣が主に税金納入用として使用されていた。それらの価値はその重さで計られており、地方によって評価も異なっていた。物流と人流が盛んになったのは、警察が社会の安定勢力となり、日本時代に入って貨幣と銀行制度が確立されてからである。

そもそも台湾には日本の寺子屋に近い学堂もあったが、十九世紀末頃の数字を見ると、日本ではすでに一〇〇パーセント近い就学率の時代、私の独自の計算では、台湾での就学率は総人口の約〇・六パーセント（四捨五入して）、朝鮮や中国の二十世紀初頭の就学率の目標は二パーセントだった。同時代の儒教国家はむしろ、国民教育には反対していた。いわく、「苦力《クーリー》まで文字を読み書きができると、斯文は地に掃いて捨てるもの」となる。文人の価値が下がることに大反対したのである。

同時代の日本は、国民教育と実業教育を日本だけでなくアジア全域に広げるべく、全民教育に精力を注ぎ込んでいた。

台湾もその恩恵を受けて、国民教育と実業教育をはじめ、自然科学や社会科学だけでなく、音楽や体育も教育に取り入れられ、近代化社会へと進んでいくのである。

一九四〇年代以降の台湾は、すでに工鉱業総生産が、農・林・水産業を上回り、産業社会に入っている。そして法治社会も確立された。

なぜ台湾と大陸をつなぐと悲劇が待っているのだろうか

そもそも史前の台湾は、倭寇の給水と前進のための基地だった。大陸の人間がはじめて台湾の存在を知ったのは、倭寇の襲来からであった。もちろん台湾だけでなく、福建が島ではなく、大陸と陸続きであることを知ったのは唐以後のことである。それは漢人(中国人)が海を忌避し、有史以来の海禁を強いてきたため、海は「暗黒の世界」と思っていたからである。

もちろん漢文の記録にも、遣唐使の記録にも、台湾発見や遠征の記録らしいものがあるものの、その信憑性は疑わしく、諸説がある。

倭寇の実態は決して解明されているとはいえないが、初期の倭寇は和人が主役で、高麗人の「仮倭」もあり、中期以後は漢人が主役に代わり、もちろん仏郎機《ふらんき》人（西洋人）まで入っている。

司馬遼太郎は『街道をゆく――台湾紀行』を書く前に、台湾の歴史をかなり調べた。ことにオランダ人が台湾を領有する前に、北部淡水と台南安平に日本人村があった。その後、それらはいったいどこへ消えてしまったのか。いまなお不明のままである。もちろん江戸鎖国も理由のひとつではあるが、台湾は瘴癘の島であったので、風土病によって消えてしまったという説が有力である。鎖国前の日本人で海に出た者は約十万人とまで推定され、台湾をはじめ東南アジアにまで、多くの日本人町ができていた。台湾への探検が行われ、シャム（現在のタイ）の歴史で知名な山田長政も探検をした一人である。

しかし漢人の移民史を見る限り、ほとんどの場合で一人が入ってくると大量に入植している。そして、原住民との衝突が激しくなり、悲劇として終わってしまうことが多い。南洋へ華僑が多く入ってくるのは、倭寇の時代よりも大航海時代以後からであった。西洋人の東南アジアの植民地統治の番頭役を務めたのは、ほとんどが華人、華僑である。東南アジアの植民地統治からの独立は、反華僑運動からスタートしている。

中国人の自己主張が強いのは、自分こそ絶対無謬と確信しているからである。しかも世俗化の民だから、金が生命以上に大事で、「金があれば神様まで買える」と思い込む。魂も心もないカカシのような群れである。もちろん人が多ければ口も多い。自己主張が強すぎるので、中国式のやり方でないとなかなか納得できない。たとえば、辛亥革命後の民国は、国会の会派・党派だけでも六百以上あり、それをまとめるには金で買収するしかない。南京政府が崩壊したのも、革命同盟会と同じく金をめぐるトラブルであり、孫文が南京政府を北京政府に売ったのも、大総統の選出も、金が動く。軍閥内戦の勝敗を決めるのも金だった。

中国は内戦の起きない年がなかっただけでなく、近代になっても、改革開放後でも、村対村の械闘《かいとう》（武闘）が絶えなかった。たとえば九〇年代に入ってからの江西省の例を見ても、そのような決闘が年に三百回以上起きたと記録されている。中国人は余所者をすべて敵と考えるだけでなく、兄弟姉妹も親子夫婦もその例外ではない人間不信の社会だから、十九世紀末まで中国伝教三十余年の知名なアメリカ人伝教師アーサー・スミスは、不朽の大著『支那人の性格』の中で、「社会風波」つまりトラブルが多いことも中国人の民族性の一つとして取り上げている。

台湾の外来政権の中で、私がワースト・スリーとして鄭成功三代、国民政府、そして清を挙げたのは、私の長年にわたる「台湾史研究」の結論ともいえる。

鄭成功は、中国では民族英雄として、日本でも「国姓爺合戦《こくせんや》」で知られ、礼賛もされているが、ほとんど全時代は原住民に対する略奪で終わってしまう。親の鄭芝龍《ていしりゅう》は清に降ったものの、鄭成功も嗣子（長男）の鄭経《ていけい》も清への投降の際に、親子と清との投降条件の交渉が最後まで行われた。鄭親子の唯一の条件は、「弁髪免除」（朝鮮人の臣服条件に順じて）だったが、清に拒まれただけのことだった。「もしクレオパトラの鼻がもう少し高かったら、世界の歴史は変わっただろう」と連想させる、歴史のフォーカスともいえるだろう。

朝鮮は東亜最後の秘境として、世界から隔絶していた。これは主に政治的な理由からである。対して、台湾が地球最後の秘境として残っていたのは、自然的条件がその理由だった。

中華民国政府の台湾統治は、国共内戦に敗れ祖国を亡くした外来政権が、七十年の間に、たしかに国内外の環境変化による変化があっても、政権維持のための台湾人虐殺、言論統制、政治による経済の独占と略奪はほとんど中国的性格に彩られている。

中国からの季節労働者とボート・ピープルが大挙して台湾に渡来したのは、オランダの台湾統治時代だった。そもそも台湾は多言語多種族社会だったから、オランダ時代から漢人の新移民も、泉州、漳州《しょうしゅう》、客家三系の集団が原住民と棲み分け、土地争奪を繰り返していた。

その棲み分けと対立は十九世紀までずっと続いていた。清は台湾を二百十二年統治していたが、原住民は山岳地帯を支配していたので、渡海禁止と入山禁止が十九世紀末の日清戦争の約十年前まで続いていた。

清の康熙帝が鄭氏一族を滅してから、海上の反清勢力を消滅させるために全ての漢人を中国大陸まで連行したので、台湾に残ったのは逸民か陸からの密航者しかいなかった。しかし、台湾初代巡撫（地方長官）の調査では、十九世紀末の台湾西海岸平原の住民は「民四番六」という上奏文に残っている。台湾は十九世紀に入ると、平地はほとんど開発され、密航者も歓迎されなくなり、人口過剰による飢餓が頻発していた。道路と鉄道は日本時代に入ってから完成したので、南部が食糧不足になった際、北部は河口からアモイ経由で南部に食糧を送るというトライアングル貿易を続けている。人流と物流が全島を一つにしたのは、二十世紀に入ってからである。

清の時代に台湾は、「三年一小乱、五年一大乱」といわれ、じっさいに二年も満たずに反乱を繰り返しており、日本領台初期まで匪賊支配の社会だった。

台湾史が物語るのは、島と大陸が通交すると必ず悲劇が避けられないということである。虐殺と掠奪以外に、大陸との人的交流から生まれた疫病の大流行が起こることも、台湾四百年史が如実に物語る。その詳細については、拙書『台湾は日本人がつくった』『日本人が台湾に遺した武士道精神』（ともに徳間書店）に述べてある。

国共内戦後から二十世紀末に、中国は台湾に対して千回以上もしきりに、「絶対武力を放棄しない」と恫喝を続けていた。「統一を拒否し続けると、核兵器か中性子爆弾を使用する」という恫喝以外にも、じっさいに対岸にミサイルを千四百基も配備し、「統一断行」の決意を示している。このような「文攻武嚇」に対しては、大陸に投資する台湾商人でさえ一銭も出さないのに、「台湾は絶対不可分」だの「俺のもの」だのという恫喝だけで、いまの世の中、それで通るのだろうかという声さえある。

アジアNIESの盛衰

経済史からみると、第二次世界大戦後から少なくとも以下の三つの世界構造の変動がみられる。それは、人の意志のみによって変えられるものではない。

①敗戦国でも、戦勝国でも、植民独立の潮流を抑えることはできなかった。
②自由を掲げるアメリカを頭とする自由主義陣営と、平等を掲げる社会主義陣営が、東西冷戦に突入していく。
③経済的格差は貧富の格差として突出しているので、南北問題として、二十世紀の東西問題とともに提起されている。

このような地球的規模の構造変動から、従来国民経済を中心とする経済構造も、ブロック経済だけではなく、冷戦終結後、資本も、技術も、人的・物的資源も、さらには情報も、ボーダレスになり、より有利な市場へ流れていく。

この世界の政治・経済構造の変化の中で、「歴史の申し子」として生まれたのが、NIES、もっとも成功したのがアジアNIESとしてのシンガポール、香港、台湾、韓国である。「亜洲四小龍」とも称され、冷戦終結後にはカネ余りからグローバリズムの歴史産物としてBRICS（ブラジル、ロシア、インド、中国、それに続くのが南アフリカとも）、BRICSの後に続くのがVISTA（ベトナム、インドネシア、南アフリカ、トルコ、アルゼンチン）とも予想されている。

アジアNIESの世界史への登場はもちろん世界経済史の一大事件とまでいわれるが、

ここ半世紀前後のアジアＮＩＥＳの栄枯盛衰を見ると、それは決して空前絶後とはいえない。

大航海時代以前に、地中海域にもアジアＮＩＥＳに類似する地中海のベネチア、ミラノ、ジェノバ、アマルフィなどの通商国家の栄枯盛衰があった。近代国家のイタリアに統一された後、ミニ都市国家の我が世の春を謳う繁栄の面目はすっかり消えてしまった。

もっと古代へ遡っていくと、ギリシア諸都市連合は、ペルシア帝国の統一併合の野望を砕いて繁栄を極めたものの、やがてはローマ帝国に呑み込まれた。古代ギリシア人の後裔たちはやがて東ローマ帝国の主役にのぼりつめ、ビザンチン帝国とゲルマン人に蔑視されたものの、古代の栄光はもはや歴史となってしまっている。

ユーラシア大陸の歴史を見ながら、東側の世界はどちらかというと比較的に世俗化が早く、中洋と西洋は宗教心が極めて強い。もし東洋について、中国を中心にすべてが政治といえるならば、中洋と西洋の世界はすべてが宗教ともいえる。

文明の誕生と栄枯盛衰はかなりの時差がある。もちろん説も多い。約八千年からもっと前のオリエント文明やら、高地文明としてのチベット古代文明から各大水系からの流出という思いが強いのは、ここ四十年来の地球行脚から私が得た文明観である。

国連をはじめとする各種の統計年表を見ると、いわゆるミニ国家の所得について、どの数字を見てもたいてい超先進国や超大国の数倍から倍々という数字である。そのような数字からミニ国家と超大国との歴史の定めを見つめると、人類の未来の行方について考えさせられ、思わせられる。そして、それよりも示唆させられることが多い。

台湾が物々交換の原始社会さながらの世界から近代社会を目指したのは、十九世紀末から二十世紀に入ってからである。四〇年代から産業社会に入り、六〇年代の後半からアジアＮＩＥＳとして猪突猛進した。私の後半生は、アジアＮＩＥＳの台湾とともにその歴史を歩み、有為転変と栄枯盛衰を、海を隔てて見てきた。それはじつに感無量という一言に尽きる。

戦後、新興産業国家を目指したのは、決して、シンガポール、香港、台湾、韓国だけではない。フィリピンもベトナムも、中南米も、ギリシアもスペインもポルトガルも、ユーゴなどの国々もそうであった。しかし、突出したのは、「アジアの四つのドラゴン」と称されるアジアＮＩＥＳのみだった。

その成功の理由は、農地改革、開発独裁、それ以外に、国内経済と世界市場とを直結する市場メカニズムの確立、いわゆるアメリカ、日本、ＮＩＥＳ諸国のトライアングル網の確立に成功したからである。

六〇年代の東京オリンピックの後、日本は急速に経済大国化を昂進させ、四匹の昇龍も

「四つのミニ・ジャパン」に急変貌した。それ以外の地域がアジアＮＩＥＳほどには好況に恵まれなかったのは、経済牽引力としての日本のような存在がなかったからである。トルコも、メキシコも、ブラジルも、「第二の日本」までには至らなかった。

日本は一九八五年をピークに世界最大の債権国となった。世界経済への影響力がアメリカ並となり、「ジャパン・アズ・ナンバーワン」とまでいわれた。また、日本を中心とするアジアＮＩＥＳ、アセアン諸国の驚異的な経済発展は、アメリカ西太平洋沿岸も含めて「環太平洋時代の到来」とまでもてはやされていた。実質的にそれは、日本を主役とし、アジアＮＩＥＳ諸国を脇役とする、「新大東亜共栄圏」実現の観さえあった。

この良き時代に台湾は、一時外貨残高が日本に次ぐ世界第二位、株式市場も日本並となり、日本に次ぐ世界の債権国にまでなった。年に一〇パーセントの経済成長が三〇年も続いたのは、経済史上未曾有のことであった。

しかしアジアＮＩＥＳも、日本のバブル崩壊の影響で成長が鈍化し、低迷の一途をたどっていく。それでも、一九九七年のアジアの金融・経済の崩壊危機の中でも、台湾は資金救援国として、その煽りを受けなかった。しかし台湾経済の悲劇は、中国への過剰投資と技術の移転である。じつに、世界に類例をみない資本と技術の移転から生まれた因果でもある。具体的な数字を挙げると、全投資総額の八〇パーセント以上が対中投資となり、約二百万人もの技術者と企業幹部が中国へ移転。一時、中国の外貨は台湾が半数を占め、中国輸出産業のトップ十社は台湾企業がその半数を占めていた。台湾企業の中国国内雇用人数は一千万人以上にものぼる。

すでに九〇年代に入って、「中国に対する過剰の資本と技術の移転によって『産業空洞化』が避けられない」と経済専門家が繰り返し警告しても、ことに東西冷戦終結後のグローバリズム拡散の中で、その流れを止める手立てはほとんどなかった。

台湾経済の悲劇は、対中の過剰資本と技術の移転によって産業の空洞化、経済の停滞、そして失業率の急上昇が起こったことである、かつてのアジアNIESとしての優等生の面目は消え、台湾の経済的悲劇は対中接近によってますます増幅していく。

それは、経済史の新たなモデルにもなり、政治というよりも、学ぶべき新たな「経済原論」となるだろう。もちろん、ギリシアのEU加盟がもたらした、経済、金融の悲劇は、人類経済史の新たな一章を書き加えるに違いない。

台湾は第二のギリシアになるか

中国は台湾について、「絶対不可分の一部」と繰り返し主張してきているが、史前では不可知の歴史関係が多い。もっと超古代に遡る陸橋の時代には、台湾は琉球や九州と同一の文明圏だった。台湾の原住民は言語的にも種族的にも多系的であるが、DNAの研究では、北部原住民のタイヤル族はもっとも縄文人に近い。博物学者の鹿野《かの》忠雄による「台南は縄文文化の中心であった」という説は、戦後、じっさいにその証拠が発掘された。鹿野の説がずばり的中していたということで、現在の台南学園都市には縄文土器が展示されている。

少なくとも台湾四百年史を検証するかぎり、オランダ、スペインの時代も、鄭氏三代も、清代も、日本時代も、さらに国民政府の時代も、台湾は中国と不可分の時代は存在しない。島と陸はずっと敵対的な存在だった。島と陸が接触すると、必ず悲劇が訪れるということは、四百年史が如実に物語っている。だから「絶対不可分」と云々する時代はなかった。

私が、「中国の主張は、『逆聴』『逆観』すれば『すべて正しい』」ということを数十年来主張し続けているのは、その台湾史と大陸史をモデルに検証したからである。もちろん、島と陸の歴史から見るかぎり、それは台湾と中国にかぎらず、ベネチアとイタリア、セイロンとインド、さらに日本と中国でも同様だといえる。歴史を学ぶということは、この島と陸の歴史からも示唆されることが多い。

国共内戦後、敗れた中国国民党軍は台湾に逃げ込み、再起をはかって「反共抗俄（ソ連、ロシア)」から「反攻大陸」を掲げて、島と陸との敵対関係をずっと続けていた。しかし時は移り、世は変わる。蔣介石・経国親子の時代が終わると、国内外環境も変わり、言論統制はできなくなり、野党民進党が生まれ、民主化即本土化が急速に進む李登輝の時代に入っていく。少数支配の外来政権が危機に直面すると、徐々にイデオロギーの政党から利権政党へと変質していく。

台湾企業の中国進出は、一九八九年の天安門事件前後に、自国民虐殺について欧米諸国が行った対中経済制裁を好機に、日本も例外ではなく台湾もそれをチャンスに、対中投資に沸いた。さらに九〇年代後半から、資本と技術の移転へと加速していく。

九〇年代には、「大中華経済共栄圏」というスローガンが学者やマスメディアで喧噪され、BRICS諸国が台頭し、ことに中国は最後の巨大世界市場とみなされて、経済成長と巨大化に沸いた。台湾はその旗振り役も演じていたのだった。

企業が巨大市場に吸い込まれていくだけでなく、利権政党化した国民党の高級幹部たちは、逆に中国共産党の指導者幹部と手を結んで双方とも巨富を得、党人と民間人の格差を広げていく。近代経済学には「産業空洞化」という用語がよく出てくるが、それは決してただ経済原論の世界だけのものではなく、経済史的には実例として、台湾がひとつの史例でもある。

人口、資本、技術などなど経済の世界では、小さな経済体がより大きな経済体に吸い込まれていくことが、経済の原理にもなっている。

台湾でよく取り上げられる実例としては、澎湖群島の経済体が台湾に吸収され、従属的になったということがある。香港も同じく、転落の運命が待っている。もちろんベネチアの没落は、イタリアに統一されたことが決定的要因だった。

アジアＮＩＥＳの時代の台湾の経済力は、中国に匹敵するどころか、一時はＧＤＰさえ中国を上回った。

しかし、国内総投資金額が二〇パーセントにまで下がると異変が出てくる。台湾にとって、中国の「世界最後の巨大市場」というキャッチフレーズはたしかに魅力的だった。資本と技術が中国に流出し続け、中国への投資金額が全体の八〇パーセントになるにつれて、「産業空洞化」の現象が目に見えるようになる。

まず、経済成長率が低下の一途をたどっていき、人類史上稀有、というよりも未曾有の三十年連続一〇パーセントの成長率は年々低下して低成長になった。そして大卒の青年の失業率は急増、年収は年々低下していった。

「産業外移」といわれるように、産業が国外に移った結果、消費も年々低下した。活気がなくなり、都市だけでなく社会全体が錆びていった。

同じ現象は、日本で起きている。東京に過度に一極集中した結果、地方が錆びていく。日本政府がいくら「地方創生」と躍起になっても、それはあくまでも弥縫策にすぎないのではないだろうか。

同じことは中国との統一後の香港でも起きている。広東と上海は、「呉越の争い」という数千年来の歴史の怨念（千年の恨）を引きずりながら、改革開放初期の経済特区広東としての繁栄は長江の龍頭上海が奪った。アヘン戦争後に人口五千人ほどしかなく、珠江出口の一寒村だった香港は、中国人の駆け込み寺として人口が千倍以上にも膨れ上がり、一躍アジアの金融センターとしてイギリス東洋の真珠となったが、「中国の香港」になってから没落していった。

同じ現象はEU加盟後のギリシアでも起きている。いまやギリシアは沈没を続け、金融危機を起こしている。現代のギリシア人が決して働かないのではない。「労働時間がドイツ人よりも長い」などのさまざまな弁明があっても、公務員が多すぎることは台湾と似ている。

台湾はやがて第二のギリシアになるのではないかという危機感はかなり強い。台湾とギリシアに共通する危機の理由は「公務員」の数であり、台湾では「軍・公・教（軍人・公務員・教員）」とも呼ばれる。ただ単に数が多すぎるというだけでなく、国民党政権を支える特種特権集団である。彼らの退職後の銀行預貯金は、利率が一八パーセントもある。「一八パ集団」とも呼ばれ、いくら政権が交替しても、それをなくすことは絶対に反対されている。

だから、台湾の金融危機はギリシア以上に深刻で、先送りの延命策で生き残っているだけだ。

幸いなことに、台湾はすでに四〇年代には産業社会に入っている。物々交換の原始経済から半世紀以内、あるいはさらに早い年月で産業社会を作り上げたのは、朝鮮、満州という経済史上の特例である。それは、世界経済史上、日本人にしか成し遂げられない、日本人特有の才能ともいえる。

台湾には「一八パーセントの利率」の「軍公教」という吸血虫が繁殖していても、まだ幸いといえるのは、アジアNIESの中でかつて世界第二の債権国として、いまなおもICチップなどハイテク産業で一千万人近い企業労働人口が台湾の経済を支えているからである。

ただで一八パーセントの利率を喰う「軍公教」という公務員は国民党政権の支持層となっているが、彼らが台湾を吸い尽くして共倒れし、自滅するという運命は避けられない。じっさい、台湾にはやがて、EU加盟後のギリシア以上の危機が到来するだろう。

中国市場の魅力と罠

改革開放後の中国では、グローバリズムを「全球化」と訳することがブームとなり、それが言霊にまでなっていた。しかし、中国は史前から、海と陸のシルクロードを除いては陸禁と海禁が厳しく、独自の自閉的な中華世界と中華思想も生まれ、極めて自己中心にして独善的なユニーク、別の言葉で言い換えれば、異型的にして特殊な世界である。それは、独自の「天朝秩序」「朝貢貿易」ともいわれる。近代になっても、社会主義国家として、「計画経済」の国だった。鄧小平が「社会主義市場経済」と称しても、資本主義国家の学者はなかなか納得できない。そのような体制であっても、全体主義という範疇からは、左から右への全体主義に切り替え、国家資本が優勢、もしくは国家社会主義という見方がわかりやすいのではないだろうか。

冷戦終結後、パックス・アメリカーナは名実ともに確立され、アメリカイズムがグローバリズムとなり、国際経済構造が変わり、ＢＲＩＣＳが生まれた。このグローバリズムの中で、中国は地球最後にして最大の巨大市場となり、期待もされている。中国は最後にして最大の巨大市場になりつつあっても、「産業国家」になるとともに外需依存の巨大な通商国家になり、アジアＮＩＥＳを膨らませた経済体にすぎなかった。

中国は地球最後の巨大市場として期待されても、じっさい世界市場に組み込まれることは難しい「特異」な存在として、まとめて、以下のような中国経済の特色がある。

①外需依存の巨大な通商国家となっても、なおも「自由」ではなく、外貨管理制度を守り続けている。

②民間企業が徐々に衰退し、権貴（特権貴族）資本主義、つまり国家資本主義のファシズム国家へと変貌していく。

③ＷＴＯに加盟しても、ほとんど国際的なルールを守らない。いくらＷＴＯ規定違反と訴えられても、中国だけはどうにもならない。それは、いまに始まったことではない。すでに南京条約以後、国際条約は一方的に無効と宣言する。いわゆる「革命外交」である。文化伝統的には、中国人は「法」よりも「徳」だからだろうか。公平な競争が制限されているだけでなく、情報独占をますます強化させていく。

④政治がすべてに優先されるので、経済はただの手段か金儲けとしか考えない。しかし、軍はあくまでも国以上に超越的な存在である。

⑤建前と本音が違う国であり、法よりも人脈のコネや裏口という、すべて人の一存（恣意）

によって決まる。コネは逆に身を滅ぼすことにもなる。香港財閥の李嘉誠のコネは鄧小平、ヤオハンのコネは李嘉誠であったが、鄧小平一族が上海閥に潰されると、ヤオハンの和田一夫は倒産の講師へと変身せざるをえなかった。

⑥中国経済は「他力本願」が大原則である。資本も技術もすべて、自前のものではなく、パクりや、勝てばすべて自己のものとなる。だから、自力でことを成すよりも、いかにして勝つか、いかにしてパクるかが、経済の原則となる。

⑦中国は経済だけでなく、すべてがイカサマによって支えられている。それは「兵は詭道《きどう》なり」という伝統の教えからくるもので、イカサマが見破られると経済だけでなく中国のすべてが終わる。

では、台湾企業にとっては、中国企業のなにが、どこが、魅力なのか。これについては、以下の三つが挙げられる。

①ただに近い、無尽蔵な、奴隷に近い産業予備軍がある。奴隷根性が強いので、力か金だけでおさえられる。

②言葉が通じるので、ビジネスとしては、中国語ができない毛沢東よりも商売の面では有

利である。

③風習を知り、国民党政権下で修得した台湾のビジネスマン（中国では「呆胞《タイパウ》」と呼ばれ、「バカな同胞」の意味）らの役人への対応力が強い。中国人は虚礼よりも実礼が大好きで、金で神様まで買えるという社会だから、賄賂の要領を小学生まで修得している。

中国に進出する台湾の企業は中小企業が絶対多数であるが、「鴻海《ホンハイ》」のように年商十兆円の大企業もある。生きるか死ぬかという激しい競争の中で、いち早く中国的なやり方を修得する経営者もいる。共通する中国式経営法としては、「独裁専制」としてのワンマン経営が最適である。日本的な思いやりでは、誰も働かない。私は、ある友人が中国人職工から舐められた経験から、中国人側近からアドバイスをもらって実行したという逸話を耳にしたことがある。やむを得ず中国空手のチャンピオンを呼んできて、工場内に全員集め、一番屈強な組合のリーダー三人に出てきてもらって空手の全国チャンピオンと腕比べをさせたという。三人はあっという間に、散々に殴り倒された。その後、空手の名手が、「いまから私はこの工場の新しいマネージャーだ。大人しく命令を聞け。誰かまたカンフーを試してみたいお方がいたら、遠慮なく出てきてみろ！」と宣言したところ、みな黙ったままだったという。

それ以後、全員が新しいマネージャーを恐れて懸命に働き、ストライキもすっかりなくなってしまった。私が友人から耳にした話は、「中国人は力でおさえる以外にはない」ということである。「独裁」しないとバラバラになる。力でおさえる以外にはないのだと、経営のハウツーを教えてもらった。

「幹部撈（幹部はかっぱらい）、班長肥（班長は肥る）。三千職工は三千ともドロボウ」という全民がパクリや泥棒の国だから、工場内に監視カメラを設置し、ボディチェックをしないと盗みがなくならない。言葉が通じる同じ地方出身者を警備員にするのは、生命まで脅かすほど危ない。警察犬は会社のガードマンよりは忠実だから、人よりも犬で身を守る方が安全である。

地方政府による「乱収費」というゆすりたかりに近い法外の税金、罰金、寄付金の徴収が多すぎるため、台湾の国会にあたる立法院は、かつて国会質問と改善要求まで行った。私の友人の弟は、江沢民と一緒に写った写真をいつも社長室に掲げており、私にそれを「魔除け」だと弁明してくれた。地方の党幹部はその写真を目にするとすぐに口調を変え、ゆすりたかりを止め、態度を豹変させて話が丁寧になり、「もし誰かが嫌がらせをしてきたら、すぐに電話をしてください」と保護神に変身する。人民解放軍と工場労働者との決闘やら、企業がすべて乗っ取られることも少なくない。台湾では中国投資企業の被害者協会もあり、日本でも毎年、中国投資企業への被害状況と予防の年会が行われている。

なにしろ、公安警察と車匪路覇と称される匪賊との決闘によって、公安警察の年間の殉職者数が二千人にものぼっているため、中国社会にとっても「安定」こそ最大の国家課題となる。

それは、全人類にとっては、文明の衝突と文化の摩擦とみるべきで、中国が普通の国家となり、世界経済の一環に組み込まれるまではなおも時間がかかる。決して台湾と中国やらアジアだけの問題ではない。人類共有の問題とも考えられる。

毛沢東でさえ、いつまでもこのままの状態が続いていたら、「球籍（地球人）から除籍される」と人民に警告したほどだった。

台湾から見た日米と中韓

台湾人がもっとも嫌悪する国と人は中国人と韓国人がトップである。対して、もっとも好きなのは日本と米国が一位と二位となっている。どの調査（センサス）でもたいした変わりはないが、いつもトップの日本は二位のアメリカとは常に倍以上のポイント差がある。

台湾はもっとも親日の国ともいわれるが、これは数字よりも交流による体験によるものであることも多い。私は、あるメジャー誌で駐ソウルと台北双方の経験がある特派員から聞いたことがある。彼は開口一番、「いやいや。地獄と天国の差です」といった。「反日の韓国、親日の台湾」というイメージは、戦後からすでに定着している。私も九〇年代からその分析についての著書を数冊出している。もちろんその理由は決して単一ではない。似たような著書は日本では少なくない。それなりに関心が強いからではないだろうか。

個人だけではなく、民族感情というものは感情的なもので、決して理性的なものではない。しかし、定着するまでは、理性的な判断も欠かせない。それは実体験から感情として生まれてくることが多い。比較文化、文明、あるいは言語、文学などなど、学者の間ではそれも一つの研究分野になるが、好悪の感情は真偽正邪とは違うものの、理解するためにはやはり比較が一番理解しやすい。

日米が台湾で好かれるのは、近代的にして先進的なもの、つまりハードウェアの面もあるが、ことに精神面、つまりソフトウェアの面も多い。

私や私たちの世代はよく日本を知っているから、「反日の家庭育ち」の人でさえ決して反日感情をもたない。じっさい、九〇年代に入ってから、台湾は哈日族《ハーズー》(日本大好き族)のティーンエイジャーが生まれ、選修の高校の第二外国語で日本語を選ぶ者が九〇パーセント以上ということが、長期にわたって続いていた。近年でも、台湾人がもっとも観光したい国は日本がトップ。住みたい国でも日本がトップである。もちろんそれは、台湾だけのことにかぎらず、国連の調査でも住みたい国は日本とカナダが常にトップである。それはもちろん、複合的理由からくるもので、国柄としてのイメージはただ政治的なプロパガンダだけでは、一時的なものにしかならない。

世界から見れば、台湾の人口は世界で五一位（二〇一五年）、北欧四ヵ国の人口に匹敵するが、経済面では、一時、IC産業で世界のセンターとなり、世界経済に巨大な影響力をもっていた。いまなお、各分野の経済数字は世界で二〇位以内に入っていても、OECDにさえ入っていない。九〇年代以降、産業空洞化が進み、二〇〇八年以前の台湾の経済成長率はなお五～六パーセント台、一九九六年から二〇一四年までのGDPの成長率は平均四パーセントであった。それ以後、IMF管理下の韓国にさえ追い越され、過去の経済大国としての面目をなくしてからすでに久しい。G20からだけでなく、世界から見てもチッポケな島国である。

このチッポケな小国と無国の民を外から見る目はじつに冷たい。私は日本で半世紀以上も暮らしながら、そのことについて身にしみるほど体験している。六〇年代から七〇年代にかけて、左のべ平連からだけでなく、右の大日本愛国党からも叩かれ、日本政府も、反国民党政府者を台湾人麻薬犯罪者と交換する条件で、台湾への強制送還を断行してきたことは知る人ぞ知る。

戦後の日本人は勇気を失い、責任感もなくなり、政治家も文化人も言論人も、中国を生理的に恐れ、利権の誘惑に弱いことを、中国は知っている。だから中国の対日政策は、九〇年代後半からすでに日本の国内での現場指導に代わり、日本の外務省は中国の指導を受けて台湾の国内選挙の妨害まで行った。

日本の堕落は、戦後ほど世にはっきりと言行として現れることはない。台湾人の日本好きは、たしかに片思いのところもある。しかしそれは、台湾人から見れば「我が師」に相応しい日本の先人たちの勇気と強い責任感などからくるものであり、戦後日本人にはその思いやりと実直さ、そして人を裏切らない美徳が残っているからである。だから私は、最後の日本語族として、日本人以上に「日本人の誇りを取り戻す」ことに心酔し、それを願って止まない。

日本人は保守派の中でも嫌米感情の強い人が少なくない。たしかに西洋もアメリカも褒められないことが少なくない。それでもアメリカには夢がある。少なくともここ約二百年にもわたって、世界の亡命者はほとんどがアメリカを亡命先に選んだ。アジアの反米の国々でもそれは例外ではない。

ソ連・ロシアだけでなく、中国の国家指導者の家族たちはいくら反米でも、アメリカを永住の地として選ぶ。

台湾人は日米が大好きで親しみが強いのは、日米にそれぞれの理由がある。アメリカの国会議員と文化人、言論人の支持なしでは、台湾の民主化は絶対に考えられない。日本の政治家や文化人の大多数は、むしろ中国か国民政府の指導下で、台湾の民主化を阻害してばかりだ。

中国人と韓国人が台湾だけでなくどこへ行っても嫌われるのは、それなりに共通の国民性をもつからである。それは、自己中にして都合主義で、まったく根拠の無い自信過剰な驕りである。台湾で馬英九《ばえいきゅう》政権の支持率が九パーセントまで下がってレームダックになったのは、なにをやっても裏目が出るからだけではない。ホラ吹きというよりも、自画自賛が強すぎ、民衆は裏切られたという思いが強いからだ。

「掏空《とうくう》」という言葉は日本語にはないが、「空っぽになるまで掬い尽くしてしまう」ことである。民衆に支持されていないことを知った以上、中央政府と地方政府の財政をすべてつかい尽くしてしまい、赤字のみ次の政府に残してしまうということになる。公共財をどんどんと私財に変えて高飛びするのは、よく知られる中国的な「理財術」である。仮に政権交代をしても、台湾の次の新しい政府は中央も地方も赤字だらけで機能しなくなる。これから、中国人に「掏空」された台湾経済がどう再出発するかが、最大の課題となろう。

韓国が台湾で嫌われるのは、中国の尻尾と見られるからだ。虎の威を借りてどんどんと人の弱みにつけ込み、甘い汁を吸う根性が嫌われるのだ。

第二章

中国と心中覚悟の韓国経済

李氏朝鮮はなぜ物々交換の原始社会に先祖返りしたのか

ユーラシア大陸の全域を地球儀や世界地図で眺めてみると、緯度、陸との地政学、地理的関係において、朝鮮半島と似ている半島がある。ユーラシア大陸の西部地中海域には、東からバルカン半島、イタリア半島、イベリア半島がある。

バルカン半島の南端に西洋文明の先駆であるギリシアがある。イタリア半島のローマは、西洋文明の元祖であり、西洋世界の原型でもある。イベリア半島は大航海時代を切り拓いた、近代世界史の開拓者でもある。

これに対して、朝鮮半島全史はなぜパクリと事大の歴史しかなかったのか。じっさい、不思議で、東西洋の歴史の歩みの中で、極めて対照的である。私は四十年間にわたる地球行脚の中で、頻繁に地中海域のその三つの半島に歴史探訪を重ねた。それらの半島を隅々まで歩き回ったのは、書物だけでは満たされないその好奇心を満たすためでもある。

ユーラシアの地中海域の三つの半島と極東の朝鮮半島はほぼ同緯度だが、ローマと函館が同緯度ということからみればわかるように、気候が違う。

海洋性気候の日本と、大陸性の気候はなおさら違う。たしかに朝鮮半島は東亜最北の稲作地域であっても、じっさいは粟が主で、米が従である。生態学と植生学の常識から、アルタイ系の生態圏を除いては戦争には不適な植生圏であるため、史前から流民の吹き溜まり場としての役割が続いていた。李朝末期の京城府は土幕民（流民）が溢れ、流民の都であった。箕子《きし》朝鮮や衛氏朝鮮や漢武帝の四郡などは、記録があっても痕跡がないと、その存在まで否定されるが、牝熊から生まれた千八百歳の檀君の神話も、政治目的の偽作である。それ以外にも、一然（高麗の禅僧。一二〇六―一二八九）の『三国遺事』などは、たった一九三字しかないのに、国定教科書となっている。このように荒唐無稽な歴史記述ばかりするのは、ファンタジーとダブルスタンダードそのものだ。

朝鮮半島の史跡は、ほとんどが日本の幼稚園児の遊び場程度しかないのが評判で、自律した歴史の地としては、当然のごとく死者が生きている人間を支配する「枯死国」であり、これは「東洋最後の秘境」が可能なる地としてはごく当たり前のことだ。

李朝はなぜ「崇儒斥仏」に成功し、大中華以上の新儒教（朱子学）国家になり、寺廟で明の皇帝を神様として崇めるようになったのか。それは、ただ明から国名や国王まで下賜され、明だけでなく清に対しても「事大一心」を国是とせざるをえなかったことだけが根本原因ではない。三国時代から高麗朝に至るまで、朝鮮半島の国々は千年の敬虔な仏教国家だった。李成桂《りせいけい》が高麗朝から国家を奪った初期、仏僧と儒者との熾烈な争いもあった。

最後に本場以上の儒教国家の塊となったのは、自然劣化の原理もある。人間がいくら万霊の長であっても、自然の摂理には勝てなかったからだ。

漢が儒教を国教化した背後にも、先秦時代からの「三代」以来、山河の崩壊という文明栄枯盛衰の鉄則があった。そもそも古代中国には、人為を説く孔孟の儒教と、自然への回帰を説く老荘の思想がある。しかし、漢が儒教を国教化したのは、自然の崩壊によって、回帰できる自然が消えたからである。朝鮮半島最後の王朝である李朝が、千年の仏教王国を儒教国家に変えていくことについては、そういう自然の条件と摂理から、やはり経済・社会史の背景を見逃してはならない。

そこには、半島の地政、地勢、地理、地質から、気候、そしてその生態と植生から、李朝五百余年史の自然の摂理と社会の仕組みを知る必要がある。

高麗朝はモンゴル帝国と心中、道連れとなった。高麗朝の没落はもちろん、王朝のレームダックの背後には、地力の衰退と山河の崩壊、社会の劣化がある。李朝時代に入るとこれらはさらに加速し、徐々に物々交換の原始社会へと先祖返りしていく。

大元は大モンゴル帝国のコアであった時代もある。本質的には通商国家だった。世界貨幣史の中で、はじめて紙幣の流通に成功したのは、大元帝国だった。中国史でいう「交《こう》鈔《しょう》」である。

李朝の時代に入ると、たしかに葉銭や白銅貨がある。しかし、有名無実というだけでなく、流通は極限されている。じっさい、李朝時代は物々交換の原始社会に先祖返りしただけでなく、エネルギーの原料である草さえ伐りつくされ、山野が枯死していく。三十万人都市でさえ店一軒もなく、定期市でさえ午後に限定されたか政府によって禁止された。

江戸時代の日本とは違って、朝鮮は自給自足の閉鎖的な社会で、市場が禁止され、褓負商《ホップサム》（行商人）のギルドだけがあって、貨幣経済も市場経済も欠如しているので、物々交換の原始社会に退行しており、人流と物流は実質的にはゼロに近かった。

税は布や米か朝鮮人参で代替し、じっさい、税の三分の二は役人の私腹となり、いわゆる「三政の紊乱《びんらん》」となっていた。

もちろん、物々交換の原始社会へ退行した理由は、自然と社会の劣化だけでなく、儒教の原理主義からの祟りもある。農は本、商は末だから、商人は民と利を争うので、貨幣の使用や商行為を厳禁、厳罰にすることさえある。ますます原始社会へと転落していくので、儒教は尚古、つまり原始社会を理想とする。原始社会へ退行する一方で、両班《ヤンパン》（身分制度の最上位にいる貴族階級）を支える経済基礎も動揺をはじめ、両班の階級支配は時代とともに強化せざるをえなかった。

「世界一美しい、世界一豊かな国だった」韓国は、もし倭乱や日帝がいなかったら、きっと「世界一の超先進国になれる」という、なんでもかんでも「世界一」と誇りにしたがる韓国人の国自慢は、他人にとっては知ったことではない。しかし、この世界一だった韓国は、日本と関わるとすぐに逆の世界一になる。一種の「唯日論」である。それも「世界一さん」の勝手とは言えなくなるときもある。「他人に関わりのないこと」が言えないことも、少なくはない。この「世界一さん」について、検証や確認をしたいという好奇心は私にもたまに芽生える。「世界一美しい」とか「世界一豊か」と自画自賛をしても、逆にそれが一種のパラドックスにも聞こえる。じっさい、他人から見て、朝鮮は「枯死国」とか「世界一不浄な首都」（イザベラ・バード　一八三一～一九〇四）という評判もある。清の朝鮮駐劄《ちゅうさつ》司令官・袁世凱《えんせいがい》の北京朝廷への報告（奏章）では、朝鮮について「世界一貧しい国」というものもある。

韓国人は、博士が十万人もいる「世界一博士のいる国」だと自画自賛するが、たった十万人で「世界一」というなら、ちっぽけな島国である台湾だけでも、Ph.D.を取得したものは「三十万人」。日本に至っては、年間に三万人の博士号取得者を出している。中国は近年、博士号を年に十万人とも三十万人ともいわれるほどに乱発し、大学のサバイバルの時代に入っている。

「世界一頭が良いＤＮＡをもつ」という朴槿恵大統領のどうでもいい「世界一さん」の国

自慢について、まず「もう我慢ができない」と癇癪玉を破裂させたのは、誇り高い中国の文人だ。「この老婆め、誰のことを言っておる！　以前は世界一は大国人《テクククニン》（支那人）、朝鮮人はその次と言ったのではないのか！」と怒るのだ。

こういうやりあいについて、私は以前にも「中国人は愚民だ」と中国の文化人とよく言い争いになった。考えてみれば、じつにバカバカしい。

韓国史については、もし「正しい歴史認識」の押し付けがないのであれば、「知ったことではない」と無関心でいる日本人は、むしろ「常識的」な存在である。なにしろ、日本史も世界史も小中高校教育でさえ、じっさい、韓国史についてはろくにやっていないということもある。

「もし日帝の搾取がなければ」とまで言われると、心ある人なら、もっと李朝朝鮮の歴史を知る必要がある。フィクションやファンタジーから抜けて、その歴史の真実を見るべきだ。ことに経済・社会史、自然の摂理と社会の仕組みから見て、物々交換の原始社会からいかにして産業社会になったのかという「常識」を知ることは、決してマイナスではないはずだ。

嘘だらけ矛盾だらけの韓国の自己主張

「東洋最後の秘境」といわれる朝鮮・韓国が「開国」したのは、十九世紀の後半である。だから、半島にしか通用しない「まさか」な話、矛盾だらけの話はじつに多い。

私はよく、中国人と酷似した、「嘘つき」「ホラ吹き」「裏切り」を、韓国の全民・全史に欠かせない三点セットとしてとりあげる。中国との差は「大中華」と「小中華」との差だけで、そっくりといえばそっくりといえる。ことにその国よりも、その人のメンタリティやビヘイビアを知るためには、それしかない。

ではもっと具体的に知るために、少なくとも以下のことを例挙したい。

①よく耳にする近年の韓国人の主張は、「韓国は人類文明の根」というものである。なんでもかんでも、文化、文物の発祥、起源は韓国からという、いわゆるウリジナリズムが、よく論争や話題にもなっている。そもそも、「世界一豊かな国だった」。しかし、倭乱によって世界一貧しい国になった」というが、いわゆる倭乱とは、すでに四百余年も前のことである。半島の歴史は止まったような話をする。「従軍慰安婦」やら「強制連行」

やら「日帝の七奪」やら、ほとんど自律性のない歴史や被害者の歴史しかないのに、「世界一頭の良いＤＮＡをもつ」という発言が、同一の大統領の口から出る。しかも、「千年の恨み」と、老女の怨恨が呪い続ける。「世界一頭の良いＤＮＡ」をもつなら、なぜ自律性がほとんどゼロで、いつも被害者なのだろうか。日本の小学生でさえ、「矛盾だらけ」ではないかと思うだろう。まさか韓国人は、全民がアホウで、誰一人として自分たちが自己矛盾ばかり言っていることを自覚できないのか。このことについては後で詳述したい。

②国家というものにはさまざまな「国のかたち」がある。もちろん、世俗的国家としてたいていの文明には、小国林立から統一国家の成立に至るまで、誕生からの栄枯盛衰があり、仏教、イスラム教、キリスト教という宗教と国家の関係は深い。韓国史は箕子朝鮮、衛氏朝鮮を否定し、牝熊から生まれた檀君の開国と千八百歳での死去の開国史を、国定教科書として教える。国家史にはたいてい時差があっても、民族史のスパンには大差がない。東亜の歴史は、中原《ちゅうげん》を除いては、仏教から生まれたものが多い。たとえば、台湾にも卑南王国や大肚《だいと》王国、東寧王国などがあり、近代（日本）にも「蝦夷共和国」と称されるものがあった。しかしじっさい、国家らしいものがはたして存在するかどうか、時代によってもさまざまな条件が必要とされる。もちろんいまでさえ、国際的な「認知」

が必要とされる。たしかに半島には、「三韓」と称される古代国家があり、半島国家は「三国の時代」以前にさまざまな人間集団や集落があっても、じっさい東亜世界に登場したのは、北方遊牧民からなる五胡十六国の後、隋の煬帝《ようだい》の高句麗遠征からである。韓国人は「半万年史」やら六千年、八千年史を自称するが、三国史以前は、まばらな韓系・倭系の原住民以外には、たいてい漢系、扶余系（アルタイ系）の流民の吹き溜まりに過ぎない。少なくとも、気候と生態学から見れば、それが真実に近いというのが私の歴史観であり、国家観でもある。

③考古学からも、東洋史学からも、韓国・朝鮮にオリジナルな文化は存在しない。仏教も儒教も西から流入したもので、韓風韓流は、モンゴル化と日本型近代化の流源しかない。約六百年前の李朝時代から、社会経済史学から見て、半島は物々交換の原始社会へと先祖返りしていく。

④平気で嘘をつき、ホラを吹く国民である。「千回侵略されて、すべて撃退した。外国を侵略したことはない」と主張しながら、同じ教科書に、高麗朝の地図と李朝の地図のまったく違うものが載っている。李朝になると、明の虎の威を借りて満州人の地を侵略し続けた。アイシンカクラ・ヌルハチは、明に対する復仇として「七大恨」を掲げ、次代のホンタイジは朝鮮を徹底的に叩き、下の下国として、「頌徳碑」までつくらせた。い

わゆる「胡乱」である。「千回侵略されてすべて撃退した」というホラ吹きは真っ赤な嘘である。一回も撃退したことがないだけでなく、すぐに跪いて臣服を誓ったことは、事大史が如実に物語っている。統一新羅、つまり半島が一つの国になってからも、外力が侵入するとすぐに臣服を誓う理由は多々ある。それは、流民のDNAからくるもので、戦力が一〇対一でも、韓国はほとんどの場合で勝てない。侵入されるとたいてい、地方の役人はすぐに土地を献上し、国王が国民よりも先に逃げる。その伝統は、決してセウォル号の船長や李承晩《りしょうばん》初代大統領だけのことではない。兵士は逃げ散り、逃げ遅れた者は同士討ちをするか、民間人を虐殺、略奪を行い、民衆は泣き叫ぶ。奴婢は造反して放火、略奪、敵を解放者として迎え入れるというのが、半島史の掟、というよりもさだめである。

⑤嘘つき、ホラ吹き、裏切りは韓国人の「世界一頭の良いDNAをもつ」自慢話となる。そのメンタリティは日本人とはまったく逆である。彼らにしてみれば、「騙される方が頭が悪い」のである。最近の明治産業革命遺産のユネスコ登録において、韓国人が仕掛けた罠にはまったことは、やはり日本人の頭が悪い証拠となる。それは口約束だけでなく、国際条約まで結んでも、中華の国はそれらを守る気はもともとないのである。守る方がバカと思われる。フランスのダレ神父の著書『朝鮮事情』には、「五十の陰謀は四

九が謀議者によってばらされる」と書いてあるが、首謀者はすべての共謀者に裏切られるのが、韓国人の国柄であり、国民性でもある。半島最初の正史である『三国史記』にはもっぱら、いかにして嘘をついて裏切ったかを自慢話とする歴史が書き記されている。それは韓国人の精神史として読むべきである。一然和尚の『三国遺事』は民間伝説を集めた野史であるが、これはさらに荒唐無稽である。著名な啓蒙思想家・申采浩《しんさいこう》は、韓国の事大主義の先駆者である金富軾《きんふしょく》が『三国史記』の作者であるとしている。三国時代から数百年後の十二世紀になって韓国初の国史『三国史記』がやっと作られたが、漢文で書かれたものであり、自画自賛の話がじつに多い。やはり韓国人らしいメンタリティである。しかし、多少漢文を読める人ならば、『三国史記』は駄文で漢文にはなっていないとわかるだろう。荒唐無稽な話としては、『三国遺事』と変わりはない。

なぜ韓国人は恥知らずなのか

韓国人は、普通の民衆や市民だけでなく、学者から一国の大統領に至るまで、自己主張が矛盾だらけである。それを恥としないどころか無自覚に口にするのは、いったいなぜだろうか。日本では小学生でさえ、話の前後が矛盾していると知っているのに、韓国人である以上、ロジックの上では前後矛盾でも、それについては無自覚で、国内でしか通用しない言説を外に無理矢理に押し付ける。これは言語構造の問題であることを、私は漢文の世界で生まれ育てられた人間だから、すぐに気がつく。

漢文は不完全な文字・文章体系だから、まったく異なる語系の人間の交信メディアとして、もっとも原始的な単音として、市場語を表意文字として、漢字・漢文の文字体系を創出した。しかし、文言文といわれる漢文体系は、注や注の注である「疏《そ》」がないと読めない。つまり、一知半解な、知っていてもはっきり知らない文字体系として、極めて曖昧である。

漢文体系は、日本のカナ文字の創出と開発によってやっと、はっきりした意味体系が確立された。そして近代になって和製新漢語として創出されることによって、アジア近代の交信メディア体系を確立し、普及が可能にもなった。具体的なことをいえば、中華人民共和国で使用されている言葉の七〇パーセント以上が和製新漢語である。

韓国の国字であるハングルは、十世紀前後のアジア各語族の国字創出からずっと遅れること五百年、十五世紀の世宗の時代にやっとパスパ文字（十三世紀にモンゴル語表記のためにつくられた表音文字）をパクって創出された。ただ、漢字系の表音文字として創出されたものの、文字の中では最低の欠陥文字として使用不能である。漢字は筆談で文字として共有可能でも、共有の漢語はない。その一例として、われわれのマザータングは、日本の訓読と音読に似ていて、漢字をどう読むのかが問題となっている。もちろんそれは台湾語にかぎらず、「非漢族」とされるいわゆる「少数民族」の中で、表音文字を使用していない語族にとっては同様の問題がある。

紀元一〇〇年前後に許慎によって書かれた『説文解字』という字書で開発された漢字の読み方は欠陥があまりにも多すぎたため、二十世紀に入って帝国から民国の時代になると、国語国字をどうするかの論争が起こった。漢字をどう読むかについて提案した音読法だけでも三千種類にものぼる。現在、台湾で使用されるいわゆる「注音字母」はカタカナに似ているが、北京では簡体字とローマ字表音を使用している。

ハングルは十九世紀末に禁用から復活した。一時は漢字・ハングル混じりの文章体系が試用されたものの、戦後、南の韓国と北の朝鮮は、ナショナリズムの高揚により漢字を廃止し、ハングルを単独使用することになった。半島のハングルを単独使用することにした理由と気持ちは、戦後、中国からやってきた外来政権による台湾語の弾圧を経験した台湾人が最もよくわかる。台湾語をめぐる表記論争の中で、言語の専門家や文化人にも、言語と文字についてはナショナリズムとイデオロギー問題が潜んでいる。

漢文体系の文字論からすれば、ハングル文字の構造は三千種類ある漢字の注音記号のただ一つにすぎない。ハングル文字の中の漢字漢語の含有率は七〇パーセント以上にものぼるため、表意から表音に文字を変えるのは難しく時間もかかるため、ハングルが単独使用されることになって数十年の間に漢字ラテン文字化と同様の問題点が集中して出ている。同音異義語の氾濫だけでなく、漢語からハングルへの転換がもたらした思考能力の不全不能の混乱も生じ、半島の数千万人の愚民化と独善化が着実に進んでいる。

半島の人間だけにしか通用しない矛盾だらけの独善的な主張は、漢文・ハングルの言語と文章体系にも共有の理論構造として潜んでいる。

言語学的にはともに理論的、科学的表現に向かないだけでなく、事物を客観化、対象化し、正確に表現するのにも十分ではない、物事を合理的に把握することができないので、矛盾だらけの言説を無理矢理に相手に押し付け、トラブルが多くなる。

日本の天皇の出自は百済人や韓国人とか、日本人の九九パーセントは半島からの食いっぱぐれなどと主張しながら、日韓（日朝）同祖論は日本人の陰謀だとも主張する。これは矛盾以外のなにものでもないと誰もがすぐわかることなのに、韓国の文化人や学者まで平気でそのようなことを口にする。

韓国人は、自分たちが日本に文化を教えた云々、漢字や漢方まで韓国人が漢人（中国人）に教えたなどと、なんの根拠がなくても、思い込みだけで平気で主張する。

漢字は世宗大王がハングルを発明したように、一人の天才が創出したものではない。たしかに中国には、「四つの目をもつ」聖人の蒼頡《そうけつ》が、鳥の足跡をヒントにして漢字を創ったという伝説があるが、実際は、陶文、甲骨文字から金石文字、さらに秦の始皇帝による文字統一に至るまで、数千年の歴史を必要とする。漢方も、「炎黄の子孫」と中国人が自称するように、神農氏と称され薬草と農業の開祖とされる炎帝から、明の李時珍《りじちん》が『本草綱目』を完成させるまで、数千年の年月がかかった。韓人が教えただけでは不可能なことだ。

では、「教えた」方の韓方医学はいったいどうだろうか。韓国は、近代までなお、韓方や漢方よりもシャーマンの巫医に頼っている。韓流ドラマなどに出てくる宮廷女医はフィクションにすぎない。大韓帝国最後の皇太子である純宗の妃・純明孝皇后の死を、韓方医学の史例として見てみよう。

腹が腫れる病気にかかった皇太子妃を診た女医たちは、「ご懐妊」との誤診をくだした。御目出度ということで、女医たちは高宗からご褒美をもらったが、間もなく大変なことになると察知して逃げ散ってしまった。

懐妊ではないことがわかった高宗は、あわてて韓国一の名医に皇太子妃を診てもらった。その名医は妃の腹には悪霊が棲みついたと診断し、それを信じた高宗は悪霊を払うべく城門の戸板を剝がして煎じたものを妃に飲ませたが、その数日後に妃はあえなく逝去した。韓国一の名医でさえこの有り様である。それは大韓帝国医療史の一ページである。韓国は世界の目から見れば、枯死国というだけでなく、国民の最大の死因は流行した疫病によるものであり、それは飢饉や戦乱による死者数の数十倍から百倍以上にものぼっていた。十万人以上の死者は珍しくなく、時として五十万人以上の疫死者さえ出た。世界一不浄な首都である京城（漢城府）は、その黄泉国の象徴だった。

日韓の誤解と曲解の根

韓国のウ、リ、ジナルはネット世代の台頭とともに盛行したもので、孔子から秦の始皇帝、孫文までが韓国人とされている。漢人に韓人が漢字と漢方を教えたと流布するようなことは、韓国が中国の属国や朝貢国家だったころだけは控え目だった。その時代と社会背景から見れば、アヘン戦争後、ことに太平天国から自強（洋務運動）の盛期にも、韓国のウリジナルと同じく、人類の文化、文明、文物の源流は中国が本家であり中国が教えたという言説が百余年前に大流行し、それがいまも続いている。

小中華の韓流はどうみても大中華からパクった自慢話にすぎない。日本の天皇は韓国人だとか、韓国が日本に文化を教えたなどなどの主張は、決して日本に対してだけの話ではない。

韓国人は世界で一番偉大だという話は、北に怯えている韓国人にとってナショナリズムの高揚であっても、絶対必要不可欠なホラ吹きであり、聞き流してもどうということはない。いちいち気にする必要もなかろう。

悪いことはすべて他人のせいにすることは、大中華も小中華も大小だけの差であって、それが生き様であり国柄でもある。国風や国魂にもなっている。

自画自賛する国自慢はたいてい無いものか欲しいものであり、日本に投影するのは自分が悪いと思う風習である。たとえば、「日帝三十六年の七奪」や「強制連行」「従軍慰安婦」のような話である。だからそういうことを言われたら、即「反省」や「謝罪」をパブロフの犬のようにするよりも、私が以前からよく言っている「逆聴法」や「逆読法」でそれらを受け止めれば、たいてい真実から外れることはない。

たとえば、「正しい歴史認識」と銘打ったならば、「正しくない歴史認識」と理解することが、真の理解となる。

朝鮮半島の人々は、地政学的にも生態学的にも、時代の限界や歴史の掟もある。それが宿命《さだめ》にもなる。王朝が変わりいくら易姓《えきせい》革命を繰り返しても、それは事大という宿命を変えるものではない。中華帝国歴代王朝の朝貢・冊封秩序（さくほう）に組み込まれるさだめから抜け出すことはできなかった。

政治やイデオロギーの恨み辛みから日韓を見ると、それなりの誤解と曲解が避けられない。しかし、その歴史の宿命を変えたのは、近現代史の日韓合邦だった。時代から見れば、東洋最後の秘境に開国を迫ったのは、英・仏・米だけではなかった。少なくとも清の朝廷は、朝鮮省としての編入がほぼ主流となり、露国の沿岸州としての編入も、大勢としては避けられなかった。しかしその国際情勢を変えたのは、日清と日露の二つの戦争だった。

世界史の流れから見れば、日韓合邦は半島史にとっては「好運」だった。世界史の視野から見て、私はそう断言できる。なぜそのように断言するのかといえば、日本開国維新後の「文明開化、殖産興業」という近代化の波に洗われたからである。イデオロギーやナショナリズムという歴史眼を変えて、パラダイムを変えれば、また見方は違ってくる。文化史や文明史の眼から見ても、ただ経済・社会史の眼から見ても、朝鮮半島が物々交換の原始社会へ回帰することを食い止め、合邦三十年にして一挙に産業社会へ急変貌させることは、日本型近代化にしか不可能なことだったと断言できる。

それを客観的にして冷静な眼で見ることでのみ語ることのできる史眼が必要である。半島史は、半島の自然史、飢饉史と疫病史を読まずには絶対に語ることはできない。

治山治水と植林からスタートした半島の国土改造は、日本にしかできなかった日本文明の波である。それは、台湾も満州も同様に進められていた。

日露戦争後の統監時代から約四十年にもわたって、日本から年に一五パーセントから二〇パーセントも払われる半島への産業補塡金によって、半島の生民と天民が二十世紀まで生き残っていた。

それは同時代の支那とインドとの経済社会史との並時的、共時的時代比較でも、蒙帝百年（モンゴル・大元帝国）華帝千年と日帝四十年との通時代的比較をしても、その評価の違いは一目瞭然である。

日韓の抱える偏見を避けるには、複眼だけでなくそのパラダイムを変えなければならない。

あれも奪われた、これも奪われたという、「七奪史観」から半島の近現代史を語っても、ニーチェが指摘するルサンチマンの倫理や韓国特有の「恨」の精神的な呻吟にしか聞こえない。

史実で絶対に見逃してはならないのは、李朝末期の「三政紊乱」の惨状である。もちろん、それだけではない。

いわゆる資源というものは、地上も地下も枯渇していた。地上資源は火田民に荒らされただけでなく、墓だらけの山野となり、乞食以下の土幕民は北からも南からもやってきて京城に溢れ、いわゆる地下資源も土地も清や西洋列強の手に落ち、朝鮮人労働者は裸同然だった。農民も※麦嶺越え難しの切骨の思いで、半島からシベリアや満州へ脱出し生き残ろうとしていた。

日帝時代の地下資源開発というのは、赤字経営で、補塡金を喰う産業となる。

米産倍増と人口倍増はなぜ生じたのか。閉ざされた国から開かれた国としての、二十世紀の半島生民の生き様を見ずして、半島の近現代史は語ることはできない。

戦後、日韓の誤解と曲解は、韓国人の歪められたメンタリティだけからきているものではない。戦後日本人の劣化からくるものも少なくない。そこが、「日本を取り戻す」という声を生み出す土台となっている。

私は、パラダイムを変え、既存の見方と考え方を変え、以上のように認識することをすすめたい。

麦嶺越え難し——農民は年貢を収めたのこりの米を翌年春までに食べつくし麦ができる六月までは木の皮や草の根で生きのびるという。

「出会い」は半島の運命をどう決めたのか

文明の衝突についてはハンチントン以来よく提起されるが、文明との出会いによってどう運命が決められるのかについてはそれほど語られていない。台湾と海南島はともに九州ほどの島だったが、日本文明と中華文明との出会いによって、はっきりとした運命が決められたことはよく知られている。

もっとも近い史例としては、コリア半島南の韓国と北の朝鮮も、鮮烈な一例である。韓国は戦後、日米と付き合い、朝鮮は中ソ（露）と付き合い、少なくとも政治と経済において天と地ほどの違いが出ている。そもそも日韓合邦後から戦後の前期に至るまで、北は南以上の産業化が進められた。そして、冷戦前には一時、「地上の楽園」という噂もあり、もちろん決してまんざら嘘でもなかった。しかし、まもなく南北が逆転した。

東西ドイツも一つになった。南北ベトナムも一つになった。だから、コリア半島も一つになるのが夢と語られている。しかし、朝鮮戦争以来、すでに半世紀以上も経っている。南北双方が一つになるのは夢だけではないと、民族の歴史的使命とまで主張され、「一千万人の離散家族」の悲劇が繰り返し訴えられている。「常識」から考えれば、その気が本当にあれば、今日や明日にでも一つになれる。ではなぜ、半世紀以上もそれができなかったのだろうか。そもそも、南と北は、民族や言語、自然生態が同様ではなかった。「三国」時代の後、千年も一つになって、戦後はそれぞれに別れた。一つになり、それがまた二つや三つになるのは、それなりの「真理」がないではない。それは決して、「存在こそ真理」であることが実証するだけのものではない。

同緯度で地政学的に類似する半島は、地中海域にもある。その歴史の歩みを比較しても、決して無意味ではない。示唆的なことも多い。

コリア半島の主張などを耳にするたびに、私がよく連想するものは、同緯度の半島である。バルカン半島もその一つである。西洋文明のホームランドだったバルカン半島の南端は、ペルシアやフン族の脅威の後に、ゲルマン諸族が南下、スラブ諸族も南に押し寄せ、東の砂漠からモンゴル人と一緒にやってきたセルジューク・トルコの後に、オスマントルコ人もここにやってきた。コリア半島に北から押し寄せてきたのは、モンゴル系の契丹人やツングース系の扶余、高句麗であった。それだけでなく、西の方から漢系の流民もやってくる。バルカン半島が東ローマ帝国の東方正教会によって一つにまとめられたのに比べ、コリア半島には事大主義以外は見当たらない。それがそれぞれの歴史の宿命にもなる。

そもそもコリア半島の北は三北地方とも呼ばれ、豊かな三南地方とは異なり、李朝時代だけでなく、南からはずっと被差別民として扱われていた。しかし、コリア半島が千年以上にわたっていくら事大しても、あくまで中華文明のサブ・システムとしてしか、生きる道はない。北の生態系まで変えたのは、日本文明との遭遇だった。北は近代産業社会に急変貌したものの、戦後には、これまた元の木阿弥になった。南と北の道が別れたのは、決して戦後からではない。ゲルマン人もスラブ人も、ラテン人も、多くの国家を作っている。もし南と北が一つになったら、それこそ悲劇の始まりだと考えられる。李朝の五百余年史はむしろ、南北の悲劇を如実に物語っていた。

イデオロギーや政治的主張を抜きにして、より複合的にコリア半島史を見て、千年以上にもわたっていくら遊牧系や狩猟系の中華帝国に事大一心しても、仮に「小中華」にまでなっても、自然と社会の劣化や飢饉史や疫病史の掟の悪循環から脱出することができなかった。

半島の原始社会への先祖返りは、自然と社会の劣化だけではない。精神史から巫教的、つまりシャーマニズムの盛行と支配にもみられる。ことにシャーマニズムの根強い支配について、世界的に知名な女性旅行家のイザベラ・バードは朝鮮奥地旅行記で一章を設けて詳述している。

仏英米など西洋文明との遭遇もそうだった。しかし二十世紀に入ると、千年以上の中華のサブ・システムとしての運命は、自然も社会も変わりつつあった。それは、近代日本との出会いであった。その出会いによって、近代コリア半島の運命や生き様が徐々に変わり始めた。

その変化は、西洋的近代化というよりは、日本的近代化の波である。ことに北の方への産業社会化はより顕著であった。ことに西にある長城以内の中華世界と比べれば、天国と地獄の違いが一目瞭然だった。

アメリカのフィリピンやら、イギリスのインドとも歴然と異なる。

出会いによって、運命がよく決められることは、友人や伴侶だけではなく、国家や民族もその例外ではない。

イデオロギーなどよりも、文化・文明史やことに経済社会史からみれば、より冷静かつより客観的に、その実像を見ることができることも多い。

国のかたちや民族の生き様は、時代によっても、自然の摂理からも、社会の仕組みからも、それぞれ独自の歴史の歩みがある。

千年以上にもわたって、事大によって半島で一つの統一体として生きてきた朝鮮半島は、あらゆる面で中華のサブ・システムとして、独自の歴史を歩んできた。私がことに同緯度のバルカン半島との比較をとりあげたのは、考えさせることや示唆的なことが多いからである。同じラテン系の国々でも、同緯度のイタリア半島もイベリア半島の民族としての生き様が異なる。

文化・文明史から見た東アジアの大陸と半島は、小中華が大中華のサブ・システムとして、仏教国家から儒教国家への歴史的文明軸（コア）の転換が、経済・社会史にもみられる。ことに近代産業社会への軸の転換は、より明確に現れる。

二十世紀に入り、コリア半島の日韓合邦と同時代に、パラレル的（同時進行）に、大陸の方では帝国が崩壊し、民国内戦から国共内戦、そして人民共和国へ、さらに文革を経て、権貴資本主義へと、国のかたちだけでなく体制も大きく変わっていく。

半島は日韓合邦により、有史以来未曾有の超安定社会に入った。というのは、李朝名物としての朋党の争いは半島から離れ、大陸、満州、シベリアへと移って場外乱闘となった。その総括が五〇年代南北建国後の朝鮮戦争（韓戦）である。もちろん同時代には、国共内戦の再燃、印パ戦争、ベトナム戦争と冷戦時代へと、争いが地球を二分していく。

半島の産業社会化と大陸が帝国から民国となった内戦は、パラレル的に見れば、それは天国と地獄という違いがみてとれる。ことに経済・社会史的な変貌はより顕著にみられる。

出会いがいかにして民族の運命を変えていくのか、人類史にはその史例がじつに多い。私が半島について、ことに見る眼を変えていくことをすすめたいのは、仏教国家から儒教国家、そして近代産業国家へと変貌していく際に、異文明との遭遇によって、経済・社会の構造変化から生まれた変化・変貌である。

イデオロギーからではなく、より冷静に、歴史の眼をもたなければならない。

三度目の国家破産を迎える韓国最後の悪あがき

ここ約一世紀内に、韓国は二度の国家破産を迎えた。一回目の国家破産は、李朝末期の「三政の紊乱」の末、日韓合邦によって救われたが、二度目は二十世紀末のアジア金融危機で国家破産し、債権国家群からなるＩＭＦの管理下で、国家主権を保ちながら生き残っている。

それから二十年ほどが経って、韓国はまたもや三度目の国家破産の危機に瀕している。では、三度目の国家破産の危機を、韓国ははたして反日米、親北中だけで切り抜けられるのだろうか。

ＩＭＦの次に北か西の中国か、日米欧か、いったいどう国家破産を処分するのか。韓国経済の事大、他力本願などなどの伝統的な体質と、過去の国家破産の理由と処分の経過を再検討しながら、これからの韓国国家破産の処分経験と処分方法、そして処分を引き受けてくれる国を予想したい。ことに中国経済崩壊の危機にまともに巻き込まれて起こるのは、台湾と韓国の経済崩壊とも予想され、そこからどう抜け出すかが生死存亡の課題とも思われる。

李朝時代から物々交換社会への先祖返りは、多くの自然的、社会的な理由がある。私はそれを、自然の法則と社会の仕組みから、経済史学的な視野で分析しながら前述しているが、ことに貨幣経済と商品経済から「市場」という視点に絞って略述してきたものの、もっと参考に値する論説は、拙書『歪められた朝鮮総督府―だれが「近代化」を教えたか』（光文社、カッパ・ブックス、一九九八年）の第五章の目賀田種太郎《めがたたねたろう》が大韓帝国財政顧問として迎えられた財政改革の経過に詳しい。

李朝朝鮮の儒教・朱子学国家化は、自然の崩壊から昂進した飢饉と疫病の拡大再生産と極めて関係が深い。それに連動するのは両班支配の強化であり、それによって半島の原始時代への退化が加速度的に昂進していく。具体的に社会現象として現れたのは、国土の荒廃、山河の崩壊、そして農業の崩壊、それらによって溢れかえる土幕民である。政治的に現れたのは、いわゆる「三政の紊乱」で、納められた税金の三分の二が役人の私腹となり、王室は百年の財政赤字が続く。収奪の強化によって東学党が反乱、それに続くのが国家破産である。露・清も、英・仏・米列強からも、この国家破産をどう処分するかについて、日韓双方から賛否両論がありながら、「東洋の永久平和」という大義名分で、朝鮮省や沿海州になるよりはと、列強が新米の日本に「日韓合邦」を無理矢理に押し付けたというのが歴史の真実である。「日帝四十年」の破産国家処分は、じつは「琉球処分」以上にやっかいであった。両班以外の奴婢や常民からすれば万歳三唱で済むが、日本にとってすれば破産国家の再建はなかなかにやっかいである。年に一五パーセントから二〇パーセントの財政支援で、日本国民の中央政府批判をかわしながら、二十世紀の韓国人は生き残った。そして三〇年代に入ると、両班たちの反日運動は、半島の中では支持を得られなくなり、中国、満州、シベリアに逃れ、伝統的朋党の争いは場外乱闘として展開された。戦後まで内ゲバにより、闘士たちが互いを殺し尽くし、ソ連と米国庇護下の金日成と李承晩は、建国の父となり、朝鮮戦争を経て今日に至って、「一千万人の離散家族の悲劇」云々といいながらも対立を続けている。

北は社会主義体制下で先祖返りし、南は日米の支援下で一時「漢江の奇跡」が生まれたものの、両班体質をクリアすることができなくなった。アジアＮＩＥＳとして台湾が債権国家になったのとは逆に、韓国は債務国家として、アジアＮＩＥＳの仲間入りはしたものの、一九九七年のアジア金融・経済危機の中で、再び二度目の国家破産を迎え、ＩＭＦの管理下で生き残ることを図った。

しかしIMFには、日本ほどの思いやりはない。利益・利権しか目にない。韓国の良識派はこれを「第二の国辱」と自嘲しながらもIMFの経済植民地となったのは、それ以外に生き残る道がないからである。

IMFのビッグディール（大規模事業交換）の下で、韓国経済は極度の寡占市場化がさらに昂進していった。十大財閥に国富の八割が集中するということになる。サムスンやヒュンダイのような財閥が市場寡占となり、中小企業が淘汰され、格差がさらに広がっていく。IMFの管理下で潤うのは海外の個人投資家ばかりで、韓国社会は両班社会化がさらに昂進、庶民がよりいっそう貧窮化して転落していく。韓国は金大中大統領の時代には、一時中小企業の創出に意欲を示したものの、通貨危機で再び国家破産してIMFの植民地に転落した。

北はチュチェ（主体思想）で逆に世界から孤立、南は事大と他力本願でどうしても植民地から這い上がることができなかった。

冷戦終結後、韓国はいち早くグローバル化を掲げているものの、結果的にはグローバリズムの申し子としてBRICSが台頭したが、韓国は逆に国家破産し、IMFの植民地に甘んぜざるを得なかった。それが宿命ではなくて、いったいなにが宿命といえるだろうか。どう見ても、自律性（チュチェ）を強調しすぎると孤立になる。事大はやはり韓国のさだめというべきだろうか。

現在の韓国のＧＤＰの八割は大財閥に押さえられ、実質的にはＩＭＦの経済植民地の番頭的存在になっている。ＩＭＦの植民地支配下で個人的債務は実質的に百兆円を超え、六〇年代から九〇年代にかけては、計六千億円の円借款が韓国経済を下支えしてきた。

近年、ことに朴槿恵大統領が登場すると、経済成長率が急速に下がり、外資系産業も逃げ出しつつある。好運に恵まれていないといえば、そういえないこともない。

韓国三度目の国家破産は、目下昂進中である。

ダレが元凶なのか、特定できないなら、それをさだめと考えてもよかろう。

日米欧にとって、もう韓国はまったく魅力がない。その国家破産という三度目の火中の栗を拾うのは、北か西の中国か。その二者択一ならまだよい。もっとも憂慮されるのは、やはり東アジア世界、ことに「大中華」と「小中華」韓国の同時経済崩壊である。こっちの方がより深刻にして現実的でもある。

中国と心中後の韓国の行く末を占う

コリア半島史をみると、三国の時代から二国の時代、そして一国の時代もあった。もちろんそれは半島の地政学をみて、コリア半島に限らず、イベリア半島国家をはじめとする地中海地域の半島国家や、インド・シナ半島のいわゆる仏印三国もそうだった。

北アジアも東北アジアも、匈奴《きょうど》帝国といわれる遊牧帝国も、南北匈奴やら東西突厥《とっけつ》帝国など、人類史によくみられる国家、民族の興亡や文明の盛衰史によくあることだった。

三国の時代に、百済・高句麗は海の日本と組み、新羅は陸の唐と組んで、「白村江の戦い」まで起こった。朝鮮戦争後、南は日米と組み、北は中ソと組む。一国の時代はほとんど、大陸の王朝の属国に甘んじた。

儒者・林白湖《りんびゃっこ》が嘆いたように、四夷八夷はすべて中華の主になったことがある。唯一なれなかったのは、朝鮮人のみだった。朝鮮人は世々代々属国になるしか、道がないのだろうか。

チャンスがなかったのではない。満州人はモンゴル人だけではなく、朝鮮人をも誘って中華の主になろうとしたことがあった。しかし、朝鮮人には歴史を見る眼がほとんどない。明の属国となることに固執し、主になろうという気はほとんどなかったので、それならばと清は朝鮮王国を下の下国にして、朝鮮王国に頌徳碑をつくらせるしかなかった。

老女の朴大統領は、口では「韓国人は世界一頭の良いＤＮＡをもつ」などと自画自賛し、日本に「正しい歴史認識」をしつこく押し付けるが、自分こそ歴史に盲目である。盧武鉉《ノムヒョン》大統領以来の親北・中、反日米を追随しながら、世の変化を見る眼はじつに短絡的にして、盲目の一言に尽きる。

北が中国から離れたいまこそ、中国従属の千載一遇の好機としか見る眼がないのである。半島が一つになるのに欠かせない条件は、西の大中華に対する事大であり、それが必要不可欠である。そしては北はまた、南の被差別民となる。このような差別意識は、現在の韓国国内の地方差別や職業差別意識も、両班時代とそれほど変わりはない。韓国の反日意識の根底には、韓国人の差別意識がある。もちろんそれは、日本人に対してだけではない。伝統的な「夜郎自大」からくる排外意識でもある。いまでも、北の方が「ソウルを火の海にするぞ」と恫喝し続けるのは、南に対する伝統的な屈辱意識からくるものである。

韓国は北に対する問題さえ無為無策なのに、よく「統一」やら「ユーラシア経済圏」などと大きなことを口にするのは、それらがホラ吹きの国民性から生まれたものだからである。

韓国が朝鮮と中国との仲違いの隙に中国に急接近する背後には、韓国経済は歴史的にみて、それ以上によく見られる「事大経済」でしか生き残ることができないからである。その限界以外に、歴史に盲目という韓国人の歴史意識からくるものも多い。それは、有史以来、自律的な思考がほとんどなかったからである。

自分よりも巨大な経済体とばかりFTAを結ぶことは、属国志向でもある。小さな経済体はいつも、より大きな経済体にブラックホールのように吸い込まれてしまうということは、経済史的にはよくみられることである。台湾の産業空洞化も、その史例の一つである。韓国の産業は日本とは違って、資本も技術も、市場でさえ、常に劣位、劣勢にある。唯一優位に立つのは、ウォン安、そして安い労働力くらいのものだ。

ましてて韓国産業には中国との同質性が多く、産業競争のうえでは中国に太刀打ちできない。韓国経済は基本的には事大経済、寄生経済である。パクリによる盗賊経済原理や生活との癒着以外には、もっぱら外需依存しかなく、生き残る道は狭い。

韓中の接近ですぐに現れた韓国経済の危機は、すでに顕著になっており、しかも末期症状を呈している。いままで好調に見えていたサムスンのスマートフォン事業が中国企業の進出に押されてシェアを低下させ、さらに没落の道をたどりつつあることもその一例である。

韓国市場が魅力を失うにつれて、IMFの「経済植民地」下にある外資は競って逃げ出し、国家破産は目下秒読み状態に入っている。

韓国が自前の技術に乏しく、そのレベルも低いことは、千年来の事大と他力本願という精神的文化からくるものである。パクリこそ早道という「草賊経済」の体質がほとんど変わらないからである。

その一例として、韓国製品の中枢部品の多くは日本製であり、韓国は自前では高度な部品を作れない。中枢部品の多くを日本からの輸入に頼っている。韓国の対日貿易が戦後一度も黒字になっていないのはそのためである。韓国がいくら「反日」で高揚しても、日本経済のサブ・システムから脱出することができない。日本は百年来、いつも韓国経済の死命を制するからである。

韓国がいくらウリナラ自慢をしても、千年以上にもわたる事大経済の基幹を変えることができないのは、むしろ歴史の掟やさだめといえる。いまでも貿易立国の通商国家として、対外依存率は常に一〇〇パーセントを超えている。

それ以上に深刻なのは、国家も個人の債務も年々増え続け、もはや債務返済能力が低下、というよりもなくなっていることだ。夜逃げや祖国からの大脱走ができる人だけ、「幸せあれ」といわれる。

韓国に対しては、日本だけでなくＩＭＦもその歴史的経験からもう懲り懲りだろうから、貪欲な中国は経済的には黄昏を迎えつつある。帝国復活を目指すロシアの処分を待つことも、選択肢の一つである。いまでは北の朝鮮とどっちが先に倒れるか、そのサバイバルの競合に入っている。

七重苦にあえぐ韓国人へのアドバイス

いま現在の韓国は、経済の後退、国家破産の危機に直面しながら、「反日」のパフォーマンスばかり日本に伝えて、「反日」せざるをえない。そうしないではいられない事情も多々ある。

私はよく、韓国事情を知るためには、「嘘つき、ホラ吹き、裏切り」の三点セットをその国民性として知り、「悪いことはすべて他人のせい」「ウリナラ自慢のほとんどは自分にはないものだから」ということを理解し、「逆観法」や「逆聴法」で知るべきだと勧めてきた。ことに「韓流」がすっかり日本では「寒流」となった現在、従来からの韓国人の「七重苦」はさらに「九重苦」にまで増幅し、じつに地獄責めの四苦八苦に喘ぎながら、「生まれ変わっても韓国人になりたくない」という国民は七割を超え、韓国からどこかの外国へ行きたい者はそれ以上にのぼる。「強制連行」しなくても、いくら阻止しても穴さえあれば潜り込んでいるというのが現実である。その心情を最も理解できるのは、六〇年代に台湾を逃げ出したわれわれ「留学生」だ。とにかく、「中国人にされるのは絶対に嫌だ」と、中南米でもアフリカでもどこでもいいからと逃げ出した。「逃げるだけでは卑怯だ」といわれたら、たしかにそういえないこともない。「立ち上がって抵抗しなくちゃ」と、すべての祖国からの逃亡者は、「幸せあれ」と憧れても、いつしか、芯からの反政府の闘士になってしまった。

では、韓国は、国家と民族に至るまで、いったいなんの「苦」に喘いでいるのだろうか。以下で、その一部に限定してとりあげたい。

①いままで「二十一世紀は韓国人の世紀」やら、「世界一頭の良いＤＮＡをもつ」などと自画自賛しても、国内に限定して自民族の誇りや自信を鼓舞するだけであれば、それは決して悪いことやマイナスばかりではない。しかし、自信過剰になると、やはりトラブルメーカーになりかねない。日本では「韓流」は一時ブームとなったものの、現在ではすでに「寒流」となっている。その理由は自業自得によるものもあるが、韓国は「夜郎自大」とまでいわれても、「外華内貧」とまでいわれても、なんでもかんでも「世界一」とウリナラ自慢するからである。アメリカや中国、ロシアはそれなりの大国としての条件がある。韓国が等身大の誇りで満足せず、それ以上に増長するのは、中華思想からくるもので、身の程を知ることも必要だ。二〇一四年の夏、私はルーマニアの地方都市に行った。朝早くに同室のアメリカ人の友人がテレビを点けたら、アジア系のドラマを放

送していた。アジアのどの国の番組かと耳をすまして聴いていたら、韓流ドラマであった。じっさいヨーロッパの国際空港のラウンジには、日本語のパンフレットがなくても、韓国語のパンフレットは必ずといっていいほど、たくさん並んでいる。そこまでの巨費を投じて宣伝に躍起になっても、どこでも、どのアジアの国よりも日本についての評価の方がはるかに高い。実力が伴わないホラ吹きは、他人に対しても自分に対しても、ためにならない。饒舌よりも沈黙が金ということも多い。韓国はいま現在、地に足のついていないホラ吹きや、韓国人のメンタリティやビヘイビアから、多くのマイナス面が出て、現実とのギャップに苦しんで喘いでいる。世界のどこへ行っても韓国人が嫌われる理由の一つは、実力を伴わない自己膨張によることも多い。

②国内問題も、自民族の諸問題、ことに地方差別、北との善隣さえ処理できず、北の「ソウルを火の海にするぞ」という恫喝に日々怯えながらも、でっかいことばかりを口にする。日本限定の悪口を言い、はっきりと嫌がらせをしながら、「善隣」などとよくも言えるものだと感心もする。小は隣近所との善隣から、自民族としての北との「善隣」が上手くいってから、隣邦との付き合いのことを云々してもよかろう。それは決して、国家同士のことだけではない。世界の各大都市、ロスでもリオでも、隣に韓国人の家族が入ってきたら、すぐに土地や店舗の売値が大暴落する。トラブルが絶対に避けられない

からだ。どこへ行っても嫌われる。アメリカでよく見られる例としては、いざというとき、韓国人の店は黒人やラテン系の人々に襲撃されるということがある。韓国のメディアは、「韓国人の成功が嫉妬されるから」とそれを自慢話にするが、そうではない。台湾では韓国語を喋るだけでタクシーから降ろされる。悪いことはすべて他人のせいにする韓国人のメンタリティは、じつにお目出度い。自分はそれほど悪いことをしていないのに、韓国人というだけで世界から嫌われるという「苦」については、私もよく韓人から訴えられた。それが仏教語でいう「苦」「煩悩」か、「民族苦」「人種苦」だろう。

③抵抗の英雄しかない民族苦が、韓人の民族苦の根源にもなる。古代ギリシア人も、ローマ人も、フランス人も、モンゴル人も、アレキサンダー大王やナポレオン、チンギス・ハーンなどなど、遠征の英雄か、そうでなければ少なくとも音楽家や科学者などなどの国の自慢がある。私の孫たちのいる北欧小国のデンマークでは、歴代国王にデンマーク人が一人もいなくても、アンデルセンの童話があるという自慢がある。韓国史は半島でしか通用しない。コップの嵐があっても、民族を代表する文武の英雄はいなかった。テロリストの安重根も、李舜臣も、チュチェから生まれた「英雄」ではなく、せいぜい自律性から逸脱した悲劇的な抵抗の英雄でしかない。「ハンの文化」からは、世界的に知名な文芸や科学者も出なかった。こういう「英雄待望」のジレンマとハンディーキャッ

プから、韓国のウリジナルが生まれ、韓国のものを読むと、孔子も始皇帝も「じつは韓国人」「英雄だらけの半島」という錯覚が多く生まれている。しかしそれは、ただの自家薬籠中の物にすぎない。それで自尊心を守ろうとしても、「漢字も漢方も韓国人が教えてやった」「日本人に文化を教えた」と自慰をしても、やはり虚しく、その虚しさから心をずっと守っていくために、ウリジナルをもっと創出しなければならない。その民族苦を癒やすのは、自慢と自慰の話しかなく、決して生産的ではない。

④中国の「南京大虐殺」が戦後最大のヒットとなったので、韓国も大中華に学んで、「日帝の七奪」をやめて、「強制連行」による「従軍慰安婦」一本に絞った。しかし韓国は、文化伝統的には、日本に奴隷解放されるまで、人類史上最長の「性奴隷国家だった」。国家売春をはじめ、朴正熙《パクチョンヒ》政権時代だけでなく、すでに高麗朝の時代から、フビライ・ハーンの祖父であるチンギス・ハーンに、性奴隷を外交の手段として、国策にしていた。ずっとソウル・オリンピックに至るまで、韓国は国家売春、つまりポン引き溢れる国家として、世界だけでなく、韓国国民の津々浦々まで、売春立国で知り尽くされるはずだった。たしかにそれを、「性奴隷」という人類共有の問題として訴えることには、それなりの宣伝効果がある。決してフェアではないことは、韓国の国民も知っているはずだ。日本軍の後に、米軍、韓国軍の「慰安婦問題」が尾を引いている。「性奴隷」問題で、

もっとも七重苦に迫られているのは、むしろ韓国人の自分たち自身の問題である。いくら日本を罵倒しても、海外に生を求めて約十万人もいる韓国人売春婦が、韓国人の価値を知っている。ロスでは頻繁に逮捕され、台湾でも性問題となっている。海外にいる韓国人売春婦は、日本人の名を名乗ると五倍以上の値段がつくので、かつて倭寇時代の「仮倭」と同様に、自分たちが「倭豚」と呼ぶ日本人を名乗る。そこには、人間の価値としての「民族苦」もみられる。現実をよく知っているのは、むしろ韓国人売春婦たちではないだろうか。

⑤経済の分野のみに限定しても、韓国の「事大経済」の本質では、資本と技術で日本にのみ頼らざるを得ない。いくら偉大そうなウリナラ自慢をしても、韓国企業は、日本の技術をはじめとして、日本のものをパクらなければやっていけないということをよく知っている。このことは、企業経営者だけでなく、ビジネスマンが一番良く知っている。マスメディアも韓国人官僚も、日本との断交まで唱えているが、それが自殺の主張であることは、経済界が、学界や政界、メディア界以上によく知っている。その「経済苦」にずっと苦しみ続けてきたのは、むしろ韓国の実情をよく知っている、実業界である。

⑥セウォル号海難事故は、韓国建国以来の諸問題が一挙に集中的に噴出した問題であった。経済だけでなく、社会も、国民性に至るまでが集中した表現だった。船長が真っ先に逃

げたが、それは船長だけが悪いのではない。それはむしろ、韓国の伝統文化だった。歴史から見て、韓国ではなにか起きると、国王が真っ先に逃げる。朝鮮戦争の際、真っ先に逃げたのは、建国の父と称される李承晩だったではないか。両班出身の李は、生まれてから韓国国民に追放されるに至るまで、逃げっぱなしの一生だった。それは伝統的国民性としか言いようがない。なにをやってもいい加減、手抜き、財官癒着だけではない。全国全民賄賂が社会の原動力となり、死に至る病は韓国国民が祖国から逃げ切らないかぎり、この国に救いはあろうか。

⑦この国は、なんでも「世界一」とホラを吹き、「韓国人の時代」などなど夢ばかりを語る。いちばん欠いているのは、なんの論拠もない荒唐無稽なファンタジーばかりを語ることである。「外華内貧」やら「世界一の整形大国」だからといえば、それきりである。一国の大統領まで常に避けられない悲劇が待っている国だから、「ＯＥＣＤ」の国にまでなった韓国は、日米に「おんぶに抱っこ」だからという因果を見る眼さえない。過去に盲目というだけでなく、韓国人の口から出るのはでっかいことばかりで、それを裏付ける根拠はかなり弱い。はっきりと言えば、過去も未来も正確に見る眼をもつ者は、一国のトップである大統領をはじめ、千里眼をもつ神様まで必要がなくても、冷静に世を見る眼をもつ者が出ないどころか、出ても潰されてしまうのがさだめという一言に尽きる。

「日米が嫌なら西の中国がある」という事大な根性から抜け出せないのも、ナショナリズム一本槍でしか生き残れないのも、国にとっても民にとっても、それが唯一の選択ではない。

たしかにこの国は矛盾だらけで、七重苦どころではない。二〇二〇年まで生きていくだけでも大変である。自慢ばかりや嫌がらせに夢中になるよりも、たまには己の足元を見る必要もあろう。

第四章

世界の中で生き残りをかける中国経済

中国経済力の実態を探る

中国の経済についての実態は、数字だけでは、なかなかその真相をうかがうことができず、信憑性を疑われるところも少なくない。

たとえば経済成長の数字だけを取り上げても、次のような疑問が少なくとも浮かんでくる。

①地方の経済統計数字が、全国の数字よりは多いということはおかしい。

②全国の経済統計数字を出すのが早すぎる。ありえない。先につくった希望的数字ではないか。

③電力をはじめエネルギー消費量が減少しているのに、ＧＤＰの数字が減少しないことはありえない。

④製品の輸送量からみて、ＧＤＰの数字と合わない。不可能という指摘も多い。

たしかに中国の経済数字は「作為的」で、「真実性」と「正確性」が乏しい。地方の党幹部は、成長数字が能力評価の基準となるので、中央政府から「不正の数字は厳罰」といくら警告されても、正確な報告よりも「コネ」などの政治、政争の勝敗から昇進の運命が決められるのが実情である。また、古代からの数字についての文化的伝統もあるので、政治的事情も加え、中国に「正確」な数字を求めるのは、木に登って魚を漁するようなものだ。李克強《りこっきょう》首相は、以前、「ああいう経済統計数字は信じなくてもよい」と公言するほどだ。

もちろん公表数字がかなり疑われるのはGDPだけではない。ことに軍事費が実数と違うということは以前から度々指摘されている。それどころか、数字自体出ないものも少なくない。キャピタル・フライトや不良債権の確実な数字はずっと不明であり、国務院内部の各省庁の数字がそれぞれ違うだけでなく、一国の総理でさえ知らない。

ことに毛沢東《もうたくとう》の大躍進の時代には、いっそう荒唐無稽で、一年の鉄鋼生産量が一日で完成したり、毛沢東の長江水泳の記録がオリンピック選手の倍のスピードと水増ししたため、偽造写真だとばれて、掲載した『人民日報』副社長が責任をとって辞任、一件落着したなど、笑い話がじつに多い。

経済大国化した中国はGDPでも二位の日本をあっという間に抜き、外貨準備高も世界一位となった（二〇〇六年）。外貨準備はあっという間に三兆八千億ドルとなり、二位の日本（一兆二千億ドル）の倍増、倍々増を遂げた。また、訪日中国人客による「爆買い」にも日本人は圧倒された。じつはかつて台湾も外貨準備高と株市場の総額で日本とトップを争った時代もあったが、中国が与えたようなインパクトはなかった。

それはともかく、では二〇一四年末までの三・八兆ドル以上もある外貨準備高はいったいどうなっているのだろうか。

年間全国の総給与よりも銀行の総預金の方が多いので、麻薬、売買春、密輸、誘拐など、計上できないブラックマネーもGDPの約四〇パーセントもあると推定され、公金が私金にかえられたのもGDPの二五～五〇パーセントという推定数字がある。マネー・ローンダリングの金は年間三千億ドル以上流出しているという金融機構の計算もある。中国不正金の流出は二〇〇〇～二〇一一年の間だけで世界の約半数という計算もアメリカ・ワシントンDCにあるGFI（国際金融監視のシンクタンク）にごく細かい数字が出ている。

中国の外貨準備高が、三・八兆ドル以上あっても、数字の計算方法が作為的であり疑わしい点が多い。貿易黒字以外に、海外からの対中投資の資金、そして海外からの借入金も入っているので、額面どおりに読めないのは、信用できない虚数以外には国債など絶対動けない金が入っている。

たとえば、スイスに本部を置くBIS（国際決済銀行）の数字によれば、中国の海外銀行からの借入残高をみてみると、一四年末の中国債務残高は、家計が二二・九兆元（約四五〇兆円）、金融機構を除く企業が九九・七兆元（約一九六〇兆円）にのぼる。総債務残高は一四八・八兆元（約二九二六兆円）と、GDPの二三三・八パーセントにものぼっている。じっさい中国は、債権国というよりも世界の借金大国になり、外貨は見かけだけのものであり、債権国の日本とはまったく逆で、世界トップの債務国となる。

マネー流出の全貌をとらえるのはむずかしい。年間に三千億ドルというのは金融機構が把握しているだけの数字だ。中国の汚職官僚の不正蓄財の数字は、たいてい千億円台や兆円単位の数字が少なくない。

鄧小平《とうしょうへい》一族の持ち逃げした金は十兆円以上。六・四天安門事件後、鄧は改革開放の総設計師となり、最高実力者になっただけでなく、朱鎔基《しゅようき》首相は三女の鄧榕《とうよう》が面接を引き受け、合格した後、親に報告したものである。天下人になった鄧も社会主義史上最大の富豪となる。しかし、年をとるにつれて、ボケるようになり、上海閥を率いる江沢民《こうたくみん》一派に叩き潰され、妻の卓琳《たくりん》が抗議の自殺未遂をしても、権力がなくなった以上、誰も相手にしなくなった。孫娘がアメリカ国籍をもち、一族が十兆円以上を巻き上げ、オーストラリアや北米へ移住したのも、過去の人となったからである。習近平《しゅうきんぺい》は、やらなければやられるという内ゲバの弁証法に従い、江一派の鄧一族粛清法に学んで、同じやり方で上海派を退治、権力を狙おうと目下悪戦苦闘中で、潰される前に先手を取ってスターリン主義のいつか来た道を猪突猛進せざるをえないのも、中国人としてのさだめだろうか。

不正腐敗はなぜ亡党亡国の理由にならないのか

改革開放後の中国は、社会主義中国とはまったく様変わりし、社会問題としてよく取り上げられる「七害」「八毒」「九重苦」以外には、いままでの国是だった「平等」とは逆に格差が拡大、ジニ係数が危険水域を超え、もっとも根本的な問題として、いわゆる「四最」（人口最多、資源最少、欲望最高、道徳最低）の危機、そして鄧小平、朱鎔基ら国家指導者たちが嘆く、「文化・道徳」の退廃はすでに一代や二代だけで再建できるものではない――などと、じつに問題山積、国内外とも「崩壊」やら「未来はない」という観測や予想が多く語られている。

それでもいままでなおも生き残っている。たしかに不安は多い。国家指導者にも「亡党亡国」の危機にうなされてきたものは少なくない。

というのは、江沢民の時代に入ると、目を覆うほどの党幹部の特権乱用、汚職、腐敗から、さらに上海派を率いて江沢民一派が鄧小平一派を徹底的に潰すのに躍起になっている。党内の激闘、腐敗から、党の長老や指導者たちは、さらに「亡党亡国」の不安にうなされつづけている。

たとえば、江を継いだ国家指導者の胡錦濤《こきんとう》が二〇〇三年の党中央政治局会議で、「国家に政治的危機が発生するとしたら、その導火線は絶対党内になる。最も緊迫した矛盾、危機は党内にある」と述べている。その理由は党幹部が甘い汁が吸えるからの一言に尽きる。胡はさらに「ソ連共産党は政権を担当して七十四年目に崩壊した。われわれは七十年に満たずして崩壊する可能性が高く、国家はわれわれの代で滅ぶだろう」。

「腐敗→亡党亡国」について、党の元老であり、左派の大ボスである宋平《そうへい》は、「現在の共産党における腐敗は、新中国を崩壊させる可能性があり、十三億の人民に亡国の災難を与えることになる。すでに共産党の腐敗によって人民大衆の向上心は失われている」と述べる。さらに二〇〇五年五月に党中央宣伝部理論工作座談会の席で、「もしこのまま、党と社会状況に変化がなければ、第四世代指導者の時代には、亡党亡国の末路を避けることはできない」と批判した。

温家宝《おんかほう》首相が就任直後の二〇〇三年に国務院内の工作会議で、「亡党亡国」の最も致命的理由として、「人民政府が人民から支持と信頼を失った」ことなど多く指摘している。

危機感は政界から離れた元老、長老たちにも多く見られる。たとえば党の「八老」（八大長老）の最後の一人として二〇〇七年一月十五日に亡くなった薄一波《はくいつぱ》（薄熙来《はくきらい》の父）は、その遺書の中で、七回も「亡党亡国」について触れていた。また、十大将軍の最後の一人として亡くなった洪学智《こうがくち》上将（〇六年十一月二十日死去）も「腐敗が根治しない共産党は必亡、社会主義社会は必ず倒れる。国家は必ず乱れる。共産党は自己革命しないかぎり、必ず人民から革命が起こる」との遺言をのこしている。

「腐敗だから亡国」と考える中国人は多い。だが、それは決して「正確」な考えではない。むしろ「甘いところにアリがつく」ので、腐敗こそ魅力がある体制となり、賄賂さえもらえなくなると、有能な官吏が逃げてしまうので、逆に体制がもたなくなる。「賄賂不正は中国五千年の伝統文化」だから、「無官不貪」（汚職しない役人はいない）。中国は「礼儀の邦」だから、虚礼は好ましくなく、実礼は大歓迎だが、賄賂（実礼）さえもらえない人間は尊敬されない。下っ端、クズを意味するからである。

それどころか、中国の「民」という字源は目を針で潰されたところからくるもので、人類の中では最も奴隷になりたがる人種である。金は神様まで買える社会だから、はるか二千年も前の漢の時代から首相（宰相）も将軍も、値段をつけてセリに出している文化伝統があるので、「汚職、不正」といわれても、「文化伝統」だからそれで政治が機能する。

清の名君雍正《ようせい》帝は、かつて「養廉銀《ヤンレンイン》」（特別支給）まで出して汚職追放を試みたことがあったが、いくら「死刑」ときびしくしても、役人は生命よりも金銭を求めるので、金は生命以上に重んじられるため、改革は失敗した。

習近平が大虎叩き運動を掲げて、奪権闘争に死力をふるって、表面に出た汚職の金額は千億円台や兆円単位のものが少なくない。しかし、清の和珅《わしん》が嘉慶《かけい》帝に粛清されたころに比べれば、国家歳出の十数年分か天文学的数字となるので、月とスッポンの差にもみえる。「水清無魚《スエイチンウーユイ》」（水清ければ魚がいなくなる）ので、中国史を読むかぎり、王朝の興亡盛衰は不正や汚職とは関係ない。

中国はそのままでは「亡党亡国」と思い込むのは、ただの杞憂である。それは「近代経済学」の「学」としての目から中国の経済をあれこれと分析すると同様に、そのアナロジーはあたるはずがない。

現在中国で流行っている「権銭弁証法」は、昔の『勧学歌』にある「黄金は本の中にある」という切り出しと同じである。

千億円台やら兆円単位の金を手に入れた人は、政府高官であろうと、その親族であろうと、「経済学」とも「人民」云々ともまったく別次元の話である。食い逃げに失敗した「裸官」が逮捕された「自白」を読むと、いまの中国共産党体制に希望をもつものはほとんどいない。たとえば、広西チワン族自治区政府主席だった成克傑《せいこくけつ》は生前、情婦（二奶《アルナイ》）に「共産党は遅かれ早かれもう終わりだ。われわれも生き残る道を探らなければならない」。公安部が江西省副省長胡長清《こちょうせい》と海外にいる息子との通話を盗聴した内容には、「私から見れば、共産党は十年ももたない。だから早く国から逃げ出したい」と、たいていの国家指導者、党長老、党高級幹部だけでなく、民主活動家も腐敗はあまりにも深刻だから、もう「亡党亡国」は避けられない。十年はもたないという危機感が強い。しかし、彼らは表面には出ていない目に見えない、いわゆる「潜規則」を忘れている。それは官と民との関係については、民が反抗できないまで抑えればおとなしくなる。金は神様まで買えるから、『韓非子』の「二柄《にへい》篇」に取り上げられる「賞と罰」（ムチとニンジン）を駆使すれば、中国人は誰でもすぐ奴隷になりたがり、奴隷になれることを喜ぶのだと近代文学の父・魯迅《ろじん》がずばり喝破しているのだ。

中国の経済崩壊でまっさきに逃げる外国企業

「崩壊、崩壊と言いふらしても、中国はますます強くなるのではないのか」という中国専門家の反論を読んだことがある。中国について「崩壊論」がある一方、「脅威論」もある。「中国覇権」やら「中国人の時代」がやってくるという予言のあることは前にも述べた。

日本で中国崩壊論がよく語られたのは、八九年の六・四天安門事件後から九〇年代の鄧小平時代の間で、もちろん近年も続いている。

私の小学生時代からは、蔣介石《しょうかいせき》総統親子の国民党政府の時代だったので、「反共抗俄《ファンコンカンウォ》」「反攻大陸《ファンコンタアルウ》」というスローガンの下で、「共匪《コンフェイ》（中国）必亡《ピイリン》論」はむしろ宗教のドグマや神託に近いものだった。もちろん、日中戦争中の「中国必亡論」の著書まで読んだことがある。はるか二十世紀の初頭に、孫文の「亡国滅種」論以外には、「二十世紀は中国人の時代」という信仰と言説が多く出て、じっさい辛亥革命後の中国は内戦に明け暮れ、「中国人の時代論」という「パックス・シニカ」の欲望は「二十世紀」から「二十一世紀」、さらに「二十二世紀には中国人の時代がやってくる」と先延ばしにされていく。

「いったいこれからの中国はじっさいどうなるのか」という疑問をよく日本の文化人から質されることがある。

従来の「中国崩壊」の説については、経済や社会、文明、政権、国家、などの概念がある。いったい何を指すのか、「概念規定」がないと理解がずれてしまうのも当然。もちろん中国史を見るかぎり、決して「永遠不動」や不滅ではない。遠い歴史の過去を抜きにしても、二十世紀だけを見ても、一〇年代の辛亥革命後、帝国から民国、そして国共内戦後、人民共和国へ、同じ人民共和国を名乗っても、文革前の毛沢東時代と以後とでは体制はまったく異なる。わずか半世紀未満の間で、国体も政体もそこまで変わったから、歴史を遡っても、短命の王朝と長寿の王朝があっても、「有為転変」は世の常、老荘思想も仏教思想も、東西洋を問わず、時が移れば世が変わるのはごく当たり前で、決して「経済」に限るものではない。問題なのは、経済崩壊はいったいどういう状況や時代条件で、国家や文明の興亡につながるのかの問題が残る。

具体的な例を見ても、たとえば毛沢東時代の大躍進の挫折で、六〇年からの三年間だけで餓死者は二千余万人から八千万人とまで推定され、「村々が共食い」まで大発生、それでも、やがて文革によって切り抜けられた。文革後は、じっさい経済だけでなく、政権も、党組織まで崩壊、残るのは人民解放軍の武力のみだった。それでも、中国共産党が政権を牛耳り、生き残った。

文革後、約十余年の迷走を経て、改革開放がスタートしたものの、経済規模の急速拡大は約六〇倍から一〇〇倍とまで計算され、順風満帆のように見えても、成長率は二〇〇七年をピークに、年々鈍化、「保八」ができなくなると、「成長」から「安定」へとマクロ的な経済政策を切り替え、「新常態」と称えながら、八パーセントの死守から七パーセントへ、さらに低下していくのは避けられないとも予想される。

「経済」がだめなら、「政治」へ、「政治」がだめならまた「経済」へと魔術師のように手をかえ、品をかえないと権力者としてはつとまらない。「自己批判」して、罪を認める（認罪）か、失脚か、易姓革命によって地獄行しかないのが、それが中国だ。

経済の総体はそういう状況下で、少なくとも経済に関わる以下の状況が浮上してきている。

①住宅、不動産の価格の下落、バブル、「鬼城」（ゴーストタウン化）、手抜き工事、欠陥建築の大量発覚など土地投機の終焉。
②規模不明かGDP規模のシャドーバンキングの崩壊。日本で言えば、ノンバンクやサラ金が高い利率に耐えられなくなって、潰れていくことである。
③上海株式の乱高下から大暴落。株売り禁止、空売り、流言蜚語の禁止、逮捕などの政府の株市場関与も万策が尽き、関与失敗という一言に尽きる。
④過剰投資から生まれた過剰生産の処分はＡＩＩＢ（アジアインフラ投資銀行）を創設しても見通しが立たない。
⑤外資の中国市場からの大脱走と国内企業のデフォルトが始まっている。

中国の土地バブルについては、もう少し説明する必要がある。そもそも中国は古代から「王土王民」思想の下で、王有、国有のものが原則だったが、もちろん時代とともに所有が変わり、地主が台頭したのは科挙制度盛行の宋時代以後からである。それ以前は氏族、豪族、貴族の時代だった。人民共和国の時代になってから、いわゆる「黒五類」の一つとしての地主がすべて粛清されてから、国有のものとなり、改革開放後、土地の「使用権」は商品となり、地方政府はその「使用権」(日本で言えば借地権)を売って、金が入ってくる。ただ同然のものだから、「オイルマネー」に似ている。実質的には父祖たちが「清算闘争」「人民裁判」という手で地主から奪った土地は、再び太子党の手に戻ったのである。

数字だけで見ると二〇一二年の地方政府の土地譲渡金の収入は二兆八五一七億元(約五〇兆円)、歳入の四〇パーセント前後にもなっている。しかし、住宅などを作りすぎてバブルになり、固定資本の過剰だけでなく、深刻な環境破壊にと跳ね返ってくる。この不動産バブルは理財商品バブルと連動しながら、シャドーバンキング問題にもからみ、中国経済危機の主因にもなっている。

中国企業のデフォルトや倒産が頻発するにつれて、外国企業にも不安が拡大し、競って脱走していく。欧米企業は逃げ足が早く、危ないと感じ取ったらすぐ逃げてしまうが、しかし、なかなか慎重な日本も、一三年に入って、三菱重工、NEC、富士電機をはじめ、代表的な日本企業も重い腰を上げ、二〇一四年に入ると、すでに四〇パーセント前後が中国から撤退しはじめていた。

西洋企業の逃げ足が早いのは、決して最近になってからではない。かつて孫文の秘書までつとめたレイは、『満州国出現の合理性』（村田幸作訳　日本国際協会　一九三六年）に、「中国は危い」と察知するとすぐ逃げてしまうので、逃げ足の遅い日本は、もたもたしているうちにとんでもない災難をまともに一手にうけている、とある。「歴史には盲目」といわれる前に、「正しい歴史認識」よりも、もっとそれ以外の「歴史」に学ぶことをすすめたい。

軍事費・治安費と経済力のベクトル

東京で、ある友人のおじから中国の旅でのこういうエピソードを耳にしたことがある。ウイグル自治区のウルムチまで旅して、地元の人から「どこからいらっしゃったのですか」「台湾です」「台湾好《ハオ》々（よいところだ）」、不思議に思って、「台湾のいったいどこがよいのですか」と聞き返したら、「没有八路《メンユオパアルウ》（人民解放軍がいない）」（人民解放軍の前身である八路軍は通称「八路」）と答えた。

友人は高校時代に逮捕され、政治犯として七年間も牢屋に入れられた。

じつは六・四天安門事件（一九八九年）まで「人民解放軍」と言えば「聖人神兵」のように日本のマスメディアではなおも礼賛されつづけていた。しかし、中国ではまったくイメージは逆で、民間企業とビジネスを争い、軍・民の工場をめぐる乱闘事件も続出していた。やがて朱鎔基総理が軍と事業調整、軍営企業の廃止と交換条件に軍事予算の年々二ケタ増で、軍の利権を守りつづけた。

いま現在、中国の億万長者の中で、軍の高級幹部は約八〇パーセント以上を占めている。軍の上級幹部になると、入隊も、昇進も、訓練も、演習も、兵器の更新も賄賂がわんさと金が入るので、軍人が上へ昇進すればするほど、億万長者になるのだ。九六年の台湾総統選挙に際し、台湾向けにミサイルで威嚇、「文攻武嚇」としてよく知られることだ。

中国の軍部の主張では、「台湾人が悪いから、中国はミサイルを発射せざるをえなかった。だからその費用はすべて台湾側が負担すべきだ」という理由で、中国投資企業組織の商工会議所所長に各台湾系商社一社につき賠償供出金二〇〇万元を徴収することを命じた。

中国軍部の首脳たちからすれば、「人民解放軍」がいなかったら、中華人民共和国の存在はありえない。軍は国をつくり、国を守ってやった、だから超越的存在である。すでに「紅軍」「八路軍」の時代に「党が軍を指導すべきか、軍が党を指揮すべきか」という論争があった。軍を牛耳らないかぎり、中国は動かせないというのが常識、ことに鄧小平以後は、「党・政・軍」三権を牛耳ることが中国国家指導者の絶対不可欠な条件となっているが、じっさい、中国経済の突出よりも軍の突出がきわめて異例なことで、宇宙戦争まで戦備を整え、じっさいサイバーウォーはすでに進んでいる。日米ともハッカー攻撃され、大量の情報を盗まれている。現在、人民解放軍は米軍とロシア軍以外には、ほとんど天下に敵なしになり、ますます好戦的になる一方である。

年々軍事予算二ケタ増というのは、軍にとっては常識であり、絶対譲歩不可な条件だとしても、それはあくまでも高度経済成長期の話であって、中国経済成長率の八パーセントを守る、いわゆる「保八《パウパア》」ができなくなると、軍事費の捻出もむずかしくなる。それどころか、成長率が下がるにつれて、社会矛盾が昂進、治安維持費が増えることにもなる。二〇〇〇年に入ってから、治安維持費が年々軍事費を上回っている。二〇〇三年以後、デモなどの状況だけでなく、治安維持費の数字も国家極秘の資料となり、公表しないことになっている。

経済成長率最低八パーセントを守らなければならない理由は、年々一千五百万人の新規雇用をつくらないと、「アリ族」や「ネズミ族」が大繁殖していくからである。いまでさえ大卒の就職率は半数を守るのがむずかしい。それ以上に伝統産業について、一パーセントの成長率で約三百万人を雇用可能としても、ハイテク産業になると、その三分の一か、それ以下の雇用しか達成できない。つまり、ハイテク化すればするほど、もっと成長率を上げなければならない。

「保八」ができなくなり、「新常態」といわれる「安定」政策にマクロ的な経済政策を変えれば、治安維持費はもっと増える。これから軍事費と治安維持費は拮抗しながら、軍と民とのケンカと対立はさらに増えていくと予想される。

中国は易姓《えきせい》革命の国であり、「馬上天下を取る」ことを国家原理としている。毛沢東語録の用語としては、「銃口から政権が生まれる」、近代用語に言い換えれば、「軍国主義国家」というのが国家存立の絶対欠かせない条件である。

中国の軍制は時代によって違うが、すでに約二千年前の漢の時代からその主役、主流が「流民」で、いわゆるアウトローの「ルンペン・プロレタリア」である。兵・匪との区別はなかなかむずかしいので、もっぱら住民から掠奪するのが伝統風習だから、「好男不当兵、好鉄不打釘」（好男児は兵にはならない、よい鉄は釘をつくらない）ということわざがあり、「人民解放軍」の神話は長期にわたって戦後日本の文化人、メディアで、荒唐無稽の神話が多く、美化された。中国国内でも「雷鋒《らいほう》（人民解放軍兵士）に学ぶ」運動として、多くの神話がつくられたが、台湾では「共匪」と呼び、もっぱら略奪と虐殺の国風からぬけていない。

もちろん軍は民といつまでも対立的な集団ではない。朋党の争いも避けられないので、粛清されると運の尽き。毛沢東は朝鮮戦争のさい国共内戦後に国民党軍の投降部隊の処分に頭を痛め、朝鮮戦争に義勇軍として送り、人海戦術で国連軍に殺してもらった。秦の白《はく》起《き》が趙の四十万の降卒を穴埋めしたよりも手間がかからない。鄧小平も毛にもっと忠誠な許世友《きょうせいゆう》部隊と反毛の林彪《りんぴょう》部隊をベトナム懲罰戦争の前線に送り、ベトナムの民兵に殺してもらった。習近平も奪権闘争の手として、政敵の軍支持者や非漢族のウイグル人やチベット人を尖閣や南シナ海に送り、内ゲバを「処分」してもらう中国式伝統戦略を学ぶ可能性がないではない。

改革開放後、海洋進出と三次元宇宙空間戦争に備え、中国は軍事近代化を目指して、約四〇倍以上軍事力を増強したという分析もある。軍の近代化には莫大な金がかかり、経済力の支えがないとできない。核ミサイルや宇宙戦争に兵器の研究開発などに投入される費用は計算に入れなくても、空母の建造と就役だけでも数兆円かかる。現存する空母遼寧が母港から出て、一回巡廻するだけでも六千億円の燃料費。アメリカは空母を減らしているのに中国は海への進出と宇宙戦争計画など公式の数字は十三兆円のみだったが、予算以外の広義の軍事費は百兆円とも推測され、日本の約五兆円と比べたら、ケタ違いという一言に尽きる。

ソ連崩壊は、アメリカとの軍事競争に耐えられなかったこともその一因といわれる。もちろん中国はどうやってソ連の轍を踏まないで軍拡を続けていくかも、そのジレンマの一つである。

中国だけ「永遠不滅」と威張っても、中国のみ経済高度成長が続くという「例外」はない。それは人類経済史の鉄則であり、歴史の掟でもある。

人民解放軍が中国経済を食い殺すのをどう避けるか、中国にはもう避ける方法がない。中国経済の高度成長が鈍化すれば、国内の治安維持費が従来よりもかかることは避けられない。もちろんそれだけではない。

中国の一年間の成長は三年間の環境破壊のGDPに匹敵する（鄭義『中国之毀滅』）という計算まである。いずれにせよ、中国の黄泉化をクリアするのには、経済が「成長」から「安定」への「新常態」としてだけで乗り切るのは、むずかしい。

たとえばPM二・五やら人類共有の二酸化炭素排出など環境問題も深刻であるのだ。

ヒト・カネ・モノの中国からの大脱走

人流と物流の観点からみた中国の特徴は、それほど多くはないが決して絶無でもない。

習近平がAIIBの創設とともに提起した「一帯一路」は、有史以前の東西交流である陸のシルクロードと海のシルクロードの復活を目指すもので、中国人の発想はあんがいと尚古主義的色彩が強い。それは儒教的考えとはかぎらない。すでにいわゆる「諸子百家」

の時代から「古代聖人の名に仮託する」いわゆる「託古」が流行っていた。

そういう「託古」の気風は、「領土主張」だけでなく、あらゆる生活の分野にわたるので、現代中国を分析するうえでも欠かせない「常識」だ。たとえば、中国政府は対外的に「すでに漢の時代から中国はずっと南海（南シナ海）を管理していた」と主張する。言うまでもなく真っ赤なウソであるが、これは中国人が未来についてよりも過去にとらわれる傾向があることを示している。

中国は、ユーラシア大陸の東側にある中華世界のみ北と西の方に長城をつくって、（もちろん南長城の遺跡が発掘されていても、歴史的には、ほとんど機能しなかった）数千年にもわたって陸禁と海禁をしいてきたものの、決して完全密閉ではない。できない事情もある。たとえば大モンゴル帝国の一隅だった大元の時代には、中華は従来とは違ってオープン・システムだった。改革開放後もオープン・システムを目指そうとしている。

ユーラシア大陸にかぎらず、グローバル的にみれば、東西冷戦後のパックス・アメリカーナが世界の主役になり、アメリカイズムから変身したグローバリズムは、ナショナリズムもファシズムもコミュニズムをも乗り越え、仮に人流、物流のみに限定してみれば、ヒトもカネ（資本）も技術も、資源も情報も国境を乗り越え、より有利な世界市場へ流れていく。このグローバリズムから生まれたのがＢＲＩＣＳである。

中国は竹のカーテンを開いたら、そもそも農本商末主義の数千年の伝統を破り、「十億人民九億商、還有一億等開張」という全民総商人のブームとなり、「下海」(海に入る、ビジネスへ)と競いあっていたのが、今度は「もう中国は終わりだ」と察知するとヒト・カネ・モノの中国からの大脱走の巨流となった。

中華世界を動かす歴史の原動力は二つある。その一つが流民である。王朝の末期によくみられるのが、陳勝《ちんしょう》・呉広《ごこう》、緑林、赤眉、黄巾、紅巾、白蓮教のような「農民の乱」といわれるが、じつは流民が主役であった。水・旱による山河の崩壊や戦乱から生まれた難民、城市と農村からあふれた江湖社会のアウトローの逸民をも含めて、十九世紀ごろには「流民」が千万を超えたという記録(『東華続録』)もある。数百万人やら数十万人ぐらいの記録は、漢の時代からすでに出ている。民国時代二十世紀の山林・湖沢に割拠する匪賊は、二千万人と推定され、人民共和国の時代に入ると、匪賊は一千万人、乞食二千万人、売春婦三千万人、マフィア五千万人、民工(盲流)は約二億人以上とまで推定されている。

流民の大噴出は、易姓革命だけでなく、歴史を突き動かす原動力にもなる。じっさい王朝が滅びたのは、瘟疫《うんえき》(伝染病)の大流行という医学からの説も有力であり、宋・元だけでなく、疫病の大流行によって崩壊したというのは、人口激減からくるもので、中国だけでなく、より怖いのは世界的なパンデミックである。

もう一つ漢人の民族大移動は、ユーラシア大陸の西に似ている。北方草原から入った遊牧民に農耕民の漢人が北の方から南の方に追われ、漢人の民族大移動をもたらした。現在中国人がもっとも尊敬している民族英雄は漢の武帝である。国土を拡げたからである。武帝の一生はほとんど征伐戦争に明け暮れた。父祖の国富は使い果たし、人口まで半減した。漢末になると黄巾の乱をきっかけに、三国の時代になると人口は盛期の八分の一にまで激減、ホームランドの中原《ちゅうげん》地方は人手不足となり、身体強健な北方遊牧民は競って外国人労働者として中原に入り、三国以後の晋の時代になると、北方の胡人と地元の漢人は人口が半々となり、約二千年近く前の五胡十六国・南北朝時代は約四百年にもわたって、漢人は北方夷狄《いてき》にホームランドから追われ、江南百越の地に入り、以来漢人の民族大移動がトルコ系の隋唐時代以後、数度にもわたって、漢人は南方に大移民、夷狄が漢人と交替で中華世界の主役にもなった。二十世紀初頭の青年革命家鄒容《すうよう》は中国史を一部の「大奴隷史」と『革命軍』に書き、ベストセラーになった。近代中国文学の父と称される魯迅はもっとオーバーで、中国史は奴隷になろうと思ってもなれなかった時代と、しばらく奴隷になって満足していた時代と区分し、それ以外に中華人民共和国は「新しい奴隷制度」と説く説もあるが、流民と遊牧民がつくった中国史は、ことに近代になってより顕著になっている。

江南までに追われた中国人は明の時代になると、雲貴《うんき》高原に入り、非漢族と文明衝突、ことに十九世紀末になると、イスラム教徒を皆殺し、万里の長城北方の満州、南モンゴル、さらに時代が下るにつれて、ウイグル草原、チベット高原までのぼり、ダライ・ラマ十四世がいう「文化虐殺」をつづけている。近代から黒人奴隷の新大陸への輸出にともない、いわゆる「ピッグ・トレード」で売られた黄色奴隷は約六百万〜八百万人、黒い奴隷の約十分の一とも推定される。アーノルド・トインビーは、マレー、満州だけでなく、やがて中国からのこの「平和的浸透力」に日本列島が埋めつくされるだろうとまで予言している。

改革開放後、グローバリズムの逆流として、中国からヒト、カネ、モノの祖国からの大脱走が昂進している。

はじめは、経済難民、主にスネークヘッドに率いられて、中国からの脱走を皮切りに、環境難民がその後につづく。ことに近年は、青年・中年のエンジニアと裸官の家族を主役に中国からの大脱走、中国の国策としては「走出去」（国から出て行く）の奨励策へと切り替えざるをえない。

ことにモノの大脱走は、万里の長城のレンガから先祖代々の歴代皇帝墓陵の副葬品に至るまで、マフィアが豊かな資金で考古学者を雇い、宇宙衛星で古代遺物の位置を探索、地方政府と手を組んで、古代遺物をすみずみまで発掘、人民解放軍の空軍輸送機と海軍の輸送艦で密輸を牛耳る。

チャイナ・マフィアは、麻薬、密輸、セックス産業、密入国などの事業で巨富を得て、司法、教育やマスメディアまで牛耳り、第二の地方政府までになる地方もある。いわゆる「紅黒共治」である。「十警九黒」ということわざもあるように、警察・公安は九〇パーセントがマフィアから給料を貰っている。

八千八百万人の中国共産党員に唯一対抗可能な一大勢力はチャイナ・マフィアのみという未来の中国像を描く著書まで出回っている。やがてチャイナ・マフィアが開発したポータブル式の核兵器が出回るまで世は変わっていくという予想もある。

当面、中国は黒・紅癒着で、マフィアと中国共産党が裏表の協力体制で、ヒト、カネ、モノの中国脱走の大事業で豊富な巨金を獲得してから、地球覇権を称えても遅くはなかろう。

超経済的中華風「政治経済学原論」

第一章でも述べたように、近代経済学者もマルクス経済学者も、中国経済を見失うどころか逆に、アベコベに見ることが避けられないのは、中国がいかなる近代的な経済原理でも計り知れないからである。

経済だけでなく、文化も、さらに人間の一挙手一投足がすべて政治であり、さらに世事万搬がすべて政治に還元するので、表裏があり、建前と本音との違いがある。表の経済以外には、なおも約四〇パーセントといわれるブラックマネーがあり、宇宙物理学に例えるならば、宇宙と反宇宙が存在するという仮説になぞらえられる。中国の裏経済にも、この「反宇宙」に似た原理がある。それは目に見える経済以外に、「潜規則」といわれる目に見えない超経済的な手段によって、機能し、動かされている。

その一例として、いま現在、「改革開放」の国是の下で、経済というのは「権貴《けんき》（特権貴族）資本主義」といわれるように、「経済」が「金儲け」の同義語と見なされている。いわゆる「権銭弁証法」が金儲けの手段とされているが、このカネと権力が百鬼夜行しながら、いかにして国富を私富に変えていくかというのは、合理主義的発想に基づく「自由経済」の原理にも原論にもない。

中華型経済思想は、経済や、経営原論や、マーケティング論とは一切無縁である。表でもパクリか、勝てばすべて自分のものであり、潜規則の原理としては恫喝という手も多い。すべてが「一家一族のもの」であり、それよりも「私」を最優先とする。富を手に入れる手段としては、たとえば明の太祖は、全国の首富沈万三《しんばんさん》を粛清して消してしまう。人民共和国になってからも、たとえばすべての地主を人民裁判にかけ、その土地を没収して国有地にしてから、いまでは党幹部の子孫たち、いわゆる太子党の手に収められている。

金をめぐるトラブルが、いかに革命集団、政権の生死存亡を左右してきてたか。あまりにも中国的な政争であり、極めて代表的な史例でもある。たとえば辛亥革命がそうだ。

二十世紀初め、東京で広東人の興中会、湖南人の華興会、浙江人の光復会が、頭山満《とうやまみつる》らの斡旋によって、三派連の革命同盟会を結成した。しかし、共有の漢字があっても共通の漢語がなく、革命の理念も手段もまちまちで、内部での意見対立が避けられなかった。孫文の革命資金の濫用、そして経理不明朗が理由で、光復会の章炳麟《しょうへいりん》、陶成章《とうせいしょう》らが騒ぎ立て、孫文は会からの追放同然に日本から離れ、渡米して隠居。同盟会もそれで空中分解した。

一九一一年武漢のロシア租界で爆弾の密造をしていたある革命グループが、爆発事故を起こした。政府軍の手配を受けて慌てて革命を決起、全国の騒ぎとなって、各省の新軍からなる地方議会の諮議局が独立を宣言した。宋教仁《そうきょうじん》らは、占領した南京城内に各省の独立派を集めて臨時政府を旗揚げた。孫文はアメリカのデンバーで新聞を読み、中国で革命が起こったことを知って、広東の同志たちに欧米の援助資金を集めてから帰国すると詐称したが、実際に帰国したのはすでに革命の大勢が決まった後だった。臨時政府は役者不足だったため、国際的に知名度の高い孫文が担ぎ出され、臨時大総統になった。

しかし孫文が革命同志たちに話したのは、欧米の援助資金ではなく、「革命精神」のみでしらけた弁明だった。新政府の資金不足と国債発行も不調の末に、孫文は漢冶萍《かんやひょう》公司をはじめ、招商局、鉱山、鉄道などの国有財産をすべて抵当に入れて臨時政府を守ろうとしたが、資金と列強からの政権承認で挫折した。自分の手中に収めていない満州売却を日本政府と交渉したが、山県有朋は「満州はわれわれの手の中にある」と拒否し、孫文の空売りを買う必要もなかった。臨時政府が成立してから三ヵ月未満で、また孫文はカネをめぐるトラブルで追及され、臨時政府はまた空中分解。孫文は空中分解した臨時政府を北京の袁世凱《えんせいがい》政府に空売りして、自分は北京政府の鉄道大臣となり、美女群を引き連れて全国鉄道の旅へ出た。

孫文は二次革命でも三次革命でも意を得ることができずに、革命浪人となり、広州で三度軍政府をつくって、二度追われた。いくら広州市民を大虐殺しても、人類史上最悪の酷税といわれるほど、市民から法外な税金をとっても、政府をつくって北京政府に対抗しても、カネ不足だった。最終的にはレーニンから資金の支援を得て広州政府を維持していたが、カネをめぐる対立は絶えなかった。

蒋介石が孫文の後を継いだが、党内の抗争はずっと続いている。汪兆銘《おうちょうめい》の武漢政府が蒋介石の南京政府に吸収合併されたのは、左翼政権の下でカネをもつもののほとんどが、南京や上海の租界に一族を連れて逃げ散ったからである。

近代中国の内戦と政府の乱立は、たいていカネがからんで勝敗が決る。国共内戦で人民解放軍が勝ったのは、革命情熱というよりも、人民解放軍の方が国民党軍よりも兵士の食事が一品多く、肉もあるという宣伝に勝ったからともいわれている。

それでも、私人の財産と安全を守ってくれる政府や国家の方がより魅力的だから、中国からはカネとヒトがどんどんと祖国からの脱走をして、北米やオーストラリアに流れていく。このような現象は、決して人民共和国の時代に入ってから起きていることではない。すでにアヘン戦争後から、各大都の列強への租界だけでなく、香港も駆け込み寺と思われていた。中国人の人生最大の夢は、家族とともに自由にして安全な列強の租界に住みたいというものだった。

いまの中国人でも同様である。習近平が連呼絶叫する「中華民族の偉大なる復興」の夢よりも、いかにして祖国から脱走するかが、中国人の夢また夢である。

「北京人愛国、上海人出国、広東人売国、香港人無国」という諧謔がある。一時上海の女性が競ってアフリカ各国の留学生や使節と結婚するというブームが起きた。一人だけ「出国」するのではなく、一人がアフリカへ出国したら、家族・親族が百人以上もアフリカを転進基地として、欧米へ新しい世界を探しに行く。もちろん中南米のラテン世界には、中国人の経済難民と環境難民もどっと押し寄せるが、その後を追ってくるのがチャイナ・マフィアである。

チャイナ・マフィアの稼ぎは、もちろん麻薬、密輸、人身売買、密入国などなどで、多くの資金をもっているが、恫喝やゆすりたかりも収入源の一つである。

チャイナ・マフィアはラテン諸国の政府とはカネでの一蓮托生の関係が深い。そのため、ラテン世界では、チャイナ・マフィアの勢力は徐々にイタリアのシチリア系やフランス系のマフィアと伯仲し、勢力を拡大しつつある。

子女の教育と暮らしの安心、安全を考慮しながら、中南米よりもアメリカやカナダ北米へ再移民する者も多い。それは中国系にかぎらず、たいていのアジア系でそういう傾向が強い。

大航海時代以後、新大陸は徐々に白人の世界に変わっていく。ことに近現代国民国家の時代になって、革命と戦争によってとりわけ北米は、西欧だけでなく、世界各国の亡命や移住の地となってきた。

たとえばBRICSの優等生の中国でも、中国人は「中華民族の偉大なる民族復興」の夢よりも、アメリカ、カナダへの永住の夢の方を探しに行く。

それはヒトだけでなく、カネの流れをみてもそうだ。中国の国富は私富に変えられ、そのカネがアメリカをはじめとする、安全な、安心できる地へ流れていく。そのため、やがて中国は空っぽになり、世界最貧国へと転落していくとも予想されている。

近現代史を見るかぎり、いわゆる蔣介石を筆頭とする「四大家族」（蔣介石の他は、宋子《そうし》文《ぶん》、孔祥熙《こうしょうき》、陳果夫《ちんかふ》・立夫《りつふ》兄弟）のカネは、いったん国から逃げ出したら、公なカネではなく私のカネとして、逃げた先に消えてしまう。大洋州や南北米へストックされる。不動産だけでもなく、産業投資でも、日本は法律と行政の双方で、チャイナ・マネーをジャパン・マネーに変えていくことを考えるべきではないか。

経済崩壊後の中国はどうなる

中国経済は、習近平体制以後、ますます苦境にあえぎ、「保八」は確実に不可能になり、「成長」から「安定」へと政策転換、「新常態」まで掲げている。不動産バブル、シャドーバンキング、上海株暴落、理財商品のバブルとデフォルトなど、経済崩壊、成長の鈍化など、複合的な経済崩壊の兆しがはっきりと出ている。「中国経済の崩壊」という声もますます増えつつある。

もし中国が経済崩壊をしたら、これからの世界はいったいどうなるのであろうか。アメリカのリーマン・ブラザーズやドバイ、ギリシア金融危機の例もあり、日本も決して他人事ではない。

「経済崩壊」の定義、程度と実例から、どう見るべきかをまず諸例を想起して、検討・分析したい。その数例から見てみたい。

①いわゆるバブルがはじけた九〇年代以後の日本の例では、いわゆる「失われた二十年」が続く。政権交代としてせいぜい村山連立内閣と民主党政権くらいのもの。

②朝鮮、韓国国家破産の例。一回目は日韓合邦でクリアした。二回目は一九九七年のアジア金融危機から、韓国のみ国家破産、ＩＭＦの管理下に置かれる。

③中華世界の超経済的国権変更。二十世紀の前半に三度の国体と四度の体制変更。一度目は一九一一年の辛亥革命により、中華民国が満蒙連合帝国の大清の植民地統治からモンゴル、チベットを分離独立、中華民国のみ多政府の内戦時代に入る。日中戦争後、国共内戦が再燃、勝った共産党軍が「中華人民共和国」(一九四九年)を建国。五九年の大躍進挫折後、数千万人の餓死者、村々共食いの経済崩壊下で文革に切り替え、文革後、さらに改革開放に体制変更、生き残った。二十世紀に多次にわたる国体・政体変更でも、経済崩壊が国家興亡に直結するよりもむしろ逆である。清末西太后の「改革開放」運動で、清は「黄金の十年」と称され、経済大繁栄したために、体制が崩壊した。中国の「亡

党亡国」はむしろ超経済的な理由によるのが歴史の掟とも言える。

理論先行ではなく、史例から見ると、経済崩壊と国家体制との関係については、近代国家の経済の自律的な性格よりも中国は質的に異なる。経済原理原論に基づく自律性よりも、他律的、物理的な力に左右されるのが歴史の掟に近い。

それは中国の「国のかたち」、なお古代国家と類似、経済原理は国家原理に所属、「馬上天下を取る」のが国家の原理とされている。

たしかに歴代王朝の末期には、赤眉や黄巾、紅巾などのような農民の反乱がみられ、王朝末期の現象として王朝交替の原動力とも説かれる。一治一乱やら群雄割拠の歴史を繰返してきたので、歴代王朝の興亡史から中国の崩壊を分析する説も少なくない。中国の「正史」はたいてい徳の盛衰で王朝の衰亡の原因を語るのもみられる。じっさい、農民は血族から見られる王朝の興亡盛衰ははるか千年以上も前に、五代十国から宋の時代以後、すでに見えなくなっていた。宋・元ともペストで人口が三分の一まで激減、明は天然痘とコレラで滅びたというのが真の原因である。農民は十九世紀になると、ほとんどが無力になり、人民共和国の時代になると、いわゆる「三農問題」といわれ、人口ボーナスの役割を発揮することはできなかった。せいぜい「盲流」として四散、社会のアウトロー勢力であっても、むしろマイナスな存在となった。奴隷以下の不可触賤民だ。たしかに農民は「九重苦」にあえぎながらも、ただ大地に迷う哺乳動物として、組織力もなく、市民から農民は人間とさえみなされていない。北京にあふれる農村から来た上訪客は、市民からさえ排除されている。

では、次に中国経済崩壊が与える日本への影響を考えてみたい。

日本にとっては、まったく影響がないという見方もある。もちろん日中の経済関係は相互依存のところもあるので、日本のGDPに対しては、〇・二パーセント減という計算もある。ハチに刺されたというよりも蚊に刺されたようなものだ。たしかに中国に投資している人びとは大変に違いないが、人民元は国際通貨ではないので、リーマン・ショックより大きくはない。中国が国際通貨・金融市場で、信用性も影響力も弱いのは、いまでも管理変動相場制をずっと死守せざるをえない金融政策からも、自由競争には勝てない管理国家の体質だからというよりも自由市場に自信がないからだ。中国が国際経済の一員でも、さらに真に国際社会の一員となるまでには、なおも遠い先のことである。

その一方で前述したように、「保八」がむずかしくなるだけでも、軍事費の削減と国内治安費の増額につながるため、中国の軍拡への狂奔はある程度緩和されるという面もあろう。それにつれて、アメリカをはじめ、世界的に軍事費削減の波が全世界に広がる。もちろん広い意味での世界平和にも貢献する。

もちろん経済崩壊の危機が深化すると、プロレタリア独裁を守っていくためには、「計画経済」やら「統制経済」で危機を切り抜けていくことは考えられないことはない。いままでの外貨管理制度である管理変動相場制をさらに広げて、不動産バブルも株暴落にも適用し、党からの命令で、すべての表示価格を固定してしまえば、下落することもクリアできるだろう。それはやりかねないので、いまでも言論統制を強化するためには、人権弁護士は三百人も一斉逮捕され、死刑や終身刑にされることも考えられる。体制が違うので、地裁で犯罪者を弁護する弁護士は、悪の代弁者として、その場で即逮捕され、犯罪者の同路人として同罪とされることも多い。もちろん地球人とは異文化だから、民衆も、「勧善懲悪」の徳政として拍手喝采し、信頼を固めていく。

中国人は絶対「自死」はしないが、無理心中するので、「同帰於尽《トンクエユイチン》」を好む。核をもっているので、外国に対しても自国民に対しても変わりはない。「亡党亡国」の危機が迫ると、外に対して戦争を挑発する可能性が高い。そういう対外挑発と焦土作戦をずっと繰り返してきたのが中国である。

さらば中国経済

では、文革後のように三十年近くも高度経済成長は、これからもつづくのだろうか。私は、以下いくつかの視点を検証してから、中国経済の未来を語りたい。結論から先にいうと経済の後退と成長の下落は、もはや避けられない。その理由を以下にあげる。

①労働力の問題

東西冷戦後のグローバリズムの広がりから、中国もBRICSの一員として、高度経済成長を長期にわたって持続してきた理由は多々あるが、人口、無尽蔵に近い産業予備軍の存在も経済・産業競争条件の優位の一つである。しかし、経済の成長、豊かになるにつれて賃金が上がり、ますます労働条件の優位を失い、資本、技術、産業などの移転は賃金が二分の一や三分の一のインド、バングラデシュ、ベトナム、ラオスなど開発国家へ移っていく。一方、人口と食糧のバランス問題で、中国は一人っ子政策を断行せざるをえない。その結果、少子高齢化が日本以上に進む。それどころか、一人っ子がいわゆる「四・二・一症候群」が広がり、深刻なのは伝統的倫理としての「孝」が逆転して、祖父母や父母が一人っ子に「孝」をつくすようになる。「人口ボーナス」から「オーナス」※へと人の数としての優位を失っていく。「道徳最低」といわれるように人の質も劣化していく。

②資本と技術から見た中国

近代的産業資本と技術がまったくゼロに近い中国は、はじめ外資に頼り、ゆたかな労働力に頼って集約的輸出加工産業からスタートした。そして、民間企業から国営企業へ、すなわち「権貴資本主義」と呼ばれる国家資本主義として、左のコミュニズムから右のファシズム国家へと急変貌していく現体制となっている。資本の流れに限定して――マネー・ロンダリングからキャピタル・フライト――を見るかぎりでは、むしろ流出の方が加速している。技術面から見ても、ほとんどがパクリか情報窃取により産業と経済を支え、世界の八〇パーセントのニセものは中国産といわれるように、自前の技術や独自の技術開発をおこたり、不良品か粗悪品しか生産できなくなり、技術力の優位が確立するのは不可能に近い。競争力が低下していくのが運命となる。

③環境問題はほとんど回帰不可能。

中国の環境問題はすでに二千余年前の森林消失、表土流出、地力の減退、砂漠化が陸から海底まですすみ、山河崩壊の現象が時代とともに昂進。ことに改革開放後、空気から海洋汚染、水汚染から大地の重金属などの複合汚染を加え、世界のゴミ箱から中国の黄泉《よみ》化へとますます沈んでいく。もちろん有毒食品が世界から忌避され経済競争力がいっそう低下するだけでなく、食物と環境汚染から、奇病怪病が続出、不妊率も急増、五十年以内に改善しないかぎり、「亡国滅種」は絶対避けられないと中医学界まで警鐘を鳴らしている。

では、経済が「成長」から「安定」へ国是を変え、「新常態」と称してごまかしている中国の経済は、はたして持続的成長が可能か、低落を阻止することは可能か。

それはこれからの中国経済は、資源が無限、環境問題が解決可能という仮定の下ではじめて可能だと想起してもらいたい。すなわち、不可能である。

人口オーナス――少子高齢化が進み、生産年齢人口が減って、人口構成が経済成長の重荷（オーナス）になった状態。

終章

いま問われる日本の生き様

日本がＡＩＩＢに参加すべきではないこれだけの理由

中国主導のＡＩＩＢ（アジアインフラ投資銀行）について、参加すべき、すべきではないのか、日本は賛否両論で、一時論議され、結果的には日米とも参加しなかった。

賛否両論の論点と背後について、まず私見から断定的に総括してから、詳しく語りたい。

「すべき派」はメジャーのメディアが推進の主体となり、「バスに乗り遅れるな」という主張で、たいてい中国事情を知らないか知らんふりをして、その背後には、中国の「現場指導」を受けているのも少なくない。ことに反日派日本人の生き残りが少なくない。

参加反対の「すべきではない派」は、大概「中国事情」やその目的をよく知り、その罠にはまってはならないという憂国の士が多い。日本人好みの、いわゆる保守派である。

どうみても戦後保革対立そのままの延長戦の観もある。もちろんＡＩＩＢの設立には、中国側の理由と参加国などそれぞれの必要、期待、思惑もある。従来のＩＭＦもアジア開発銀行（ＡＤＢ）の審査条件はきびしいという開発国家の不満もないではない。しかし、歴史を振り返ってみると、踏み倒される実例も多い。

その一例として、日本政府は、いわゆる西原借款で中国に踏み倒された例もある。中国は国内事情、ことに政権不安定で、政府が乱立することにもなると、借金を踏み倒されるどころか、いざ「革命外交」を唱えはじめると、いままで取り決めた国家間の条約は、一方的な都合ですべて反故《ほご》にしてしまう国である。契約や条約まで守らない過去の「大義名分」はいくらでもある。それは外国に対してだけではない。清朝と中華民国政府との間で結ばれた「条約」（清帝国と中華民国両政府で交わされた宣統帝退位などを含む両政府などの条約）も、北京政府の内紛、馮玉祥《ふうぎょくしょう》実力軍人のクーデターで、すべてがおじゃんになる。満州国の成立の背景は、中華民国と満州人との「法的」な条約についての食言も原因の一つに数えられる。

改革開放後の中国企業、金融機構の一方的都合で、日本をはじめとする諸外国の投資など「金にからむ」トラブルは日常茶飯事である。人間不信の国だから、中国のことについては、日本にかぎらずルソーやモンテスキューをはじめ、西洋の法学者や哲学者は「詐欺」や「ペテン」の実例もたいてい中国人によくあることをあげている。

中国についてのそういう「不信」「詐欺」行為は、概ね歴史的・文化的風習からくるものが多い。ＡＩＩＢへの不信と警戒は日米にかぎらず、よく中国を知っている人なら、多く「不信感」が先に走る。

ＡＩＩＢは中国が主導になると、必ず歴史の悲劇を避けられないことが憂慮されるのは、ごく当たり前だ。ことに中国経済は二〇〇七年をピークに鈍化しつつあるが、もはやその流れを食い止めることはできない。だから、経済崩壊危機の「窮余の一策」という見方もあるが、習近平は、改革開放後の江沢民《こうたくみん》（平均一〇パーセントの経済成長率）・胡錦濤《こきんとう》（年平均六パーセント）らの経済高度成長期が峠を越えた後を受けたという不運もあり、なんとか衰運を挽回せんと悪戦苦闘、四苦八苦にもだえながら、「中華民族の偉大なる復興の夢」を掲げて、吶喊《とっかん》絶叫、そして「大虎まで叩く」を大義名分に、党長老たちから奪権闘争で獅子奮迅。

「窮余の一策」よりも「中国の夢」の実現に欠かせない一齣である。しかし、ＡＩＩＢと「一帯一路」を同時に掲げたことには、チャイナ・ドリームは若干異変が出たのではないかと歴史の眼からはそうみえる。

イギリスの東方進出は一六〇〇年の東インド会社の設立から、フランスを抑え、さらに南洋から北上、二十世紀に入ると、太平洋の覇権を新興のアメリカに譲った。その間、アメリカに挑戦したのは、人類史上最大の海戦となる日米の東西洋「最終戦争」のみだった。

そもそも中国は、南宋と大元の時代以外には陸禁と海禁がきびしい国だったが、もちろん完全密閉ではなかったことは既に述べた。有史以前から海のシルクロードがあった。しかし、その主役は支那人ではなかった。

陸は遊牧民で、海は、古代はマレー・ポリネシア人で、中世はイスラム商人、大航海時代以後は西洋人だった。社会主義中国でさえ、竹のカーテンをずっと閉め、中華世界に閉じこもっていた。毛沢東《もうたくとう》の口撃は象徴的だった。「アメリカ帝国主義は張子の虎だ」「空母は陸にあがれない。どうだかかってこい」と言わんばかりだった。しかし、鄧小平《とうしょうへい》の時代になると、「海に出なければ、中国人の二十一世紀はない」と、海に出ようとした。南シナ海も東シナ海も、数千年来ずっと中国の内海だと、九二年に勝手に領海法を制定、アメリカに太平洋を二分したいとまでほのめかした。じっさい、アメリカに海分けを要求している。

ＡＩＩＢと一帯一路をペアでチャイナ・ドリームを披露したことは、東の太平洋よりも西の旧大陸向きのチャイナ・ドリームの修正、少なくとも八〇年代以来の三次元宇宙空間を謳う世界戦略の挫折か修正か、力の限界とも見える。グローバリズムの歴史の申し子であるＢＲＩＣＳの風雲児だった中国がＡＩＩＢを構想したことは、もちろんさまざまな戦略的思惑がある。決して経済的な視点からのみ見てはならない。中国は経済だけでなく、文化も、すべてが政治に還元し、どの分野でも単独では成り立たないからだ。国家や民族よりも、党、一家一族よりも、じつは一個人の欲望を再優先にする人種である。

ＡＩＩＢの創設については、日米のＡＤＢ主導に対する中国の不満、ＡＤＢの融資条件のハードルは高すぎる、アジアインフラ整備のポテンシャルが巨大で、市場の可能性は高いなど、魅力もある。参加表明国が五十七ヵ国にのぼるのも、そこにある。もちろん中国の計算もある。どう中国主導のインフラ投資を牛耳るか、従来の過剰生産をどうＡＩＩＢを通じて、アジアをはじめ、開発途上国にさばくかという裏事情がある以外に、先手を打って二〇一四年七月十五日にブラジル、ロシア、インド、中国と南アフリカに加え、インドネシア、ナイジェリアなども加え、上海を本部に「新開発銀行」をつくり、ＩＭＦに対抗をはかった。

しかし、中国主導の金融機構は、さまざまな信用の問題を抱えている。環境問題による国土の黄泉《よみ》化以外に、体制を中心に賄賂が社会をつくるネットワークとなり、環境汚染より人間の汚染がより深刻で、国際金融機構としては透明性に欠け、国際社会入りは中国人の経験が浅く、信頼性は未確立で、世界には信用されていないので、ましてや中国人にとっては、金は生命よりも高いもので、神様まで買えるものだから、金の話がからむと、生命はいらないということになる。やはり、チャイナ・リスクが高いのだ。

ＡＩＩＢの問題点は大きく二つある。一つ目は、中国主導の金融機構が、腐敗の巣になるのは絶対避けられないということ。もう一つは、ＡＩＩＢはハードルの高いＡＤＢの補完金融機構よりも、踏み倒される可能性の高い開発国家の食い物になり、消えていく運命にある。かなり金貸しの堅い日本の金融機構でもそういうケースが多い。日本の主力メディアや野党議員、経財界でさえ、中国共産党が運転するバスに乗り遅れるな、日米は国際社会から孤立するぞと恫喝に近い扇情的な世論づくりに躍起になるが、じつにバカバカしい言説ばかりだ。

二十世紀に入ってから、中国は政治・政権不安定で、政府が多すぎて各地各政府が紙幣を乱発、政権が崩れると紙幣も廃紙同然となる。その一例として、戦後になると、国共内戦が再燃、蔣介石《しょうかいせき》が率いる国民党の発行する「法幣」はハイパーインフレによって廃紙同然となり、消えていく。それに代わったのが、人民共和国の成立とともに使用された人民元である。

しかし、改革開放後、すでに世界第二の経済大国になっても、IMFは基軸通貨としてドル、ユーロ、円、ポンドなど、いわゆる「SDR」（特別引出権）以外に、元はいくら中国から要望があっても、なお認知されていない。AIIBは中国主導の狙いとしては、基軸通貨認定の狙いが強い。そうすれば、人民元を無限に刷れるので、中国は党・政・軍三位一体の国で、もちろん経済もその一部として下支えとなるので、人民解放軍の増強とともにインフラ建設がすべて中国主導という狙いがある。

AIIB加入の参加者は、金（経済）のみに目がくらむ。軍への視点はわざと避けようとしている。その背後の目的を疑わざるをえない。

ＡＩＩＢ設立の背後には、アジアのインフラ整備の実質的資金の不足という需要があり、たしかにＩＭＦやＡＤＢのきびしい金融運用・審査への不満も多い。しかし、中国主導になると、不透明性がさらに高まる。というのは、自国の格差、環境、キャピタル・フライトでさえ、どうにもならないのに、国際金融機構の運営などそもそも危うい。劣化が避けられないのも目に見える。無法運転のバスに絶対乗らない日本に対して、私は感無量である。

もっと憂慮すべき国内の危機

集団安全の立法化をめぐる衆議院議員の審議発言は、つまらないどころか、「もうこの日本はだめだ」とさえ思わされる。失望感よりも絶望感が強い。

本来は日本の安全保障問題をどうすべきかということについての国会審議だったが、主旨がずらされて、もっぱら「戦争反対」など煽情的な質疑になってしまった。しかも、「もし」という非現実的でバカバカしい愚問ばかりであった。戦後日本国民は安全問題について、それが空気や水のようにただのものか、ただに近いものとしか考えず、関心は薄く、文化人や言論人はもとより、国会議員でさえあまり勉強していない。「呆気」にとられる「質問」や「ピント外れ」の「質問」が多いのは、ひょっとしたら、わざと話術巧みに政争の具にする狙いという、政略的計算しかないのかもしれない。

与党自民党は、参議院審議でやっと、「国際環境の変化」にどう対応するべきかの必要性について、具体的に中国の南シナ海と東シナ海への問題と、この二十七年間に軍事費が四十一倍に増えていることを公言した。また、東シナ海の中国側の石油掘削プラットホームの写真まで公表し、日本の安全が脅かされていることを明示した。

国家の性格がまったく違うから、ことに戦後、米中の「正しい歴史認識」の呪縛（マインド・コントロール）下で、戦後日本人や文化人、学者まで「歴史に盲目」というだけでなく、現実を見る目まで失ってしまっている。

「侵略」国家イメージの定着は、戦争に負けたことが最大の原因であるが、ことにその固定化を狙ったのは、「終戦五〇年国会謝罪決議」とその後の「村山談話」である。この代表的な「自虐史観」を六十年、七十年、さらに百年首相談話でも継続させることを狙って、日本の国家指導原理とすることが狙いである。

それは日本の国家性格のとんでもない曲解である。「万世一系」の国体は、万邦無比だけでなく、平安時代も江戸時代も、戦後でさえ、長期にわたる「平和、安定、安全、安心」

は日本社会の仕組みである。誰か賢人の努力によるものではない。口だけの平和が「念仏平和主義」といわれるわけだ。

中国政府はよく、「中国だけは他国に侵略したことがない」と主張するが、そもそも中国のホームランドは黄河中下流の「中原《ちゅうげん》」「中国」である。現在のような満州、チベット、新疆までの広大な領土を手に入れたのは、周辺の夷狄が喜んで自ら献上したものだろうか。梁啓超《りょうけいちょう》、梁漱溟《りょうそうめい》をはじめとするほとんどの文化人が、「中国は天下であって国家でない」と語っていても、国家の原理と性格は、軍国主義国家、全体主義国家である。ロシア帝国も清帝国も、アメリカ合衆国と英・仏など西洋近代国民国家が、近現代まで領土拡張の時代であったのとほぼ同時代に、日本は江戸鎖国の時代であった。日本の近現代史家、文化人が、日本一国のみ「侵略」と語り、政治主張をしても、ほとんどの場合、日本以外の国々との対比、世界史と同一の価値基準で語らないのは、むしろ「犯罪」であるといえる。私は常にそう思わざるを得ない。

冷静にして客観的に、良心的に近現代史を語るなら、むしろABCD+S包囲網に追い詰められて列強に抗戦した日本こそ被害者とみるべきだ。「馬上天下を取る」ことを国家原理とする戦争国家は、国家を守るためには戦争しかないという国家原理となる。それは、人民共和国成立後に、中印、中ソ、中越戦争から、南シナ海、東シナ海への進出にも見てとれる。だから、冷戦終結後、唯一軍拡を続けて軍事費が四十一倍まで膨らんだ国は、中国だけだ。軍拡を続けないかぎり、中国は国家存立の条件まで失ってしまうからである。それが、「戦争立国」のさだめともいえる。世界が軍縮の時代に入っているのに、中国のみが軍拡に狂奔し、パワー・アンド・バランスから周辺諸国もその軍拡競争に対応せざるをえないのは、それこそ、生存権を守る人類有史以来の常識である。

国際環境は変わりつつある。あるいは「変わった」と指摘されても、国内環境も変わったことだけは指摘されていない。

戦後のみに限定してみても、世界構造が変わり、秩序システムもすっかり変わってしまった。いま現在ある二百近くの国々のうちの三分の二が、戦後新たに生まれた国である。植民地から独立したか、内戦から生まれたか、分裂した国である。中華人民共和国は国共内戦から、韓国と朝鮮は朝鮮戦争（韓戦）で生まれたという戦後史が「常識」となっている。

日本の内戦は、明治十年の西南戦争が最後である。しかし戦後、米ソ中から仕掛けられた「歴史戦争」の本質は、「歴史内戦」という「かたち」を変えた戦争である。いわゆる「教科書問題」「靖国参拝問題」として、目に見えないソフトウェア、文化的な内戦として展開されていることは、いままでの「熱戦」とは「かたち」を変えた「冷戦」として、それほど感じられない。もちろんそれは、ひとり日本にかぎったものではない。たとえば中国の文革は、地方の人民公社内から北京中南海政治中枢に至るまでの、集団乱闘から一騎打ちにおよぶまでの、明争暗闘として展開されている。現在、中国共産党内部の朋党の争いは、闘争か、村vs村の戦争は「械闘《かいとう》」と称されるぐらいだった。

日本の「歴史内戦」は、GHQが占領期間に仕掛けた「日本人の精神的内部崩壊」から、「日本人民民主主義共和国」樹立の「日本革命」を皮切りに、八〇年代以降、中国と韓国の参戦によって、静かに進められている。

「日本革命」は成功しなかったものの、社会主義政党、左翼言論人、文化人などの残党は、政経には無力でも、教育、マスメディア、一部の司法まで牛耳り、日本人のメンタリティ、文化、精神まで牛耳って、ソフトパワーの主流にもなっている。

その点は、日本と台湾でそっくりなだけでなく、韓国やその他の一部の国々も似たり寄ったりである。たとえば、戦後、中国から台湾に入ってきた統治集団は、政治を主軸に、教育、マスメディアを独占し、司法まで牛耳れば、つくられた少数支配の価値体系が機能し、社会の主流価値となる。マインド・コントロールによって、最後には嘘が勝つ。それは、人間である以上、なかなかクリアできない弱味でもある。

戦後日本の弱味がよく知られ、つけ込まれたのは、「善隣外交」を謳う日本の隣邦中国の、「遠交近攻」の対応である。一つの嘘だけでも、日本は数十から数百倍の学者を糾合して、真相解明に全精力を使い果たしている。それは決して生産的ではない。私は、「南京大虐殺」や「強制連行」「従軍慰安婦」の真相解明へかける日本人のエネルギーを考えれば、じつにバカバカしいと痛感することも多い。

中華人民共和国は、大清の後継国家と主張し、満州、南モンゴル、新疆、チベットを呑み込んだばかりなのに、「既成事実」や「実効支配」などといい、絶対不可分の固有領土や核心利益として日本に認知させる。それどころか、朝鮮・韓国とベトナムの過去の歴史と、沖縄との類似性のみから、「沖縄解放、琉球回収」などと叫び、沖縄の「反日」(反ヤマトンチュ)集団を支配下において、「対米追随」の声とは別に、じっさい日本はすでに中国の「戦略的属国化」の政略に治められつつある。

いまや中国は、日本の政党から教育、メディア、言論人、文化人、学者へと、「現場指導」を強化しつつある現実を見逃してはならない。

たとえば、政党民主党に対する「現場指導」の一例として、中国の駐日領事関係者は、国会議員会館にまで乗り込み、訪台議員に対する恫喝と現場指導を行い行動を規制した。民主党政権時代の政府閣僚から議員の行動に国民の目が光り、わが道を行く政治家の行動の背後を不信の目で見られたことが、政権を失った理由の一つでもある。

日本の「大学の自由自治」は、あくまでも日本政府限定の話にかぎる。中国だけは例外である。中国駐日領事関係者の李登輝《りとうき》元総統の母校である京都大学訪問に対する実力阻止も、江沢民主席の早稲田大学講演にみられる中国人防衛隊の大学占領暴行、民族派に日の丸まで奪われた長野での北京オリンピック聖火抗議の日本国内の日中衝突でも、日本人は中国人に屈し、日本の警官は中国人の日本国内での違法行為を野放しにし、もっぱら自国民に対する過剰な規制を行った。その行為には疑問視する人も多い。私もかつて、学友会の有志に誘われ、母校が中国人の跋扈を容認する異常性に抗議した。廃校まで活字で公言する学友もいたほどだった。

日本のテレビ界も全日監視され、中国に不興を買うような個人的な言論があれば、すぐに現場に乗り込んで指導する。それ以上に憂慮するのは、むしろ、局内中国人の番組制作に対する現場指導である。

ことに日本の国の大事である安保問題について、国際的環境変化以外に、国内の環境変化にも目をのがしてはならぬ。

国会内の集団安保の法制化をめぐる、院外の学者、文化人と野党政治家のピント外れの愚行は、見過ごしてはならない。

戦争のかたちは変わり、目に見えない戦争が多くなった。現に、サイバー・ウォーはじっさいに進行中である。中国は対日本のハッカー攻撃だけでなく、同じく対米ハッカー攻撃も進行中である。現にアメリカは、ハッカー部隊が人民解放軍の中にあるということを突き止めている。

戦争のかたちが変われば、もちろんそれにつれて戦略も変わっていく。たとえば、中国は、地理的国境を戦略的国境に変え、三次元の宇宙空間までの総力戦にも変え、宇宙戦争の準備まで着々と進めている。

孫呉《そんご》（孫子）兵法をはじめ、「武経七書」は日本でも知られている中国の伝統的な兵法書であるが、その得意分野は「廟算《びょうさん》（戦争を始める前の作戦会議）」「謀略」である。まったく異なる勝負の土俵がよく見られる。

いままでも、たとえば超次元の「超限戦」やら、尖閣をめぐっての「三戦」（心理、世論、法律戦）などがよく伝えられている。「正々堂々」やら、「フェア」な戦争というのは、中国人にとってはバカバカしい戦争である。諜報戦で日本の産業技術をパクリ、実力の経済戦では勝てないが力で勝てばすべて中国のものと考えるのが、ごく中国的常識である。

たとえばハッカー攻撃でネームリストの流出を仕掛け、日本国内の「反日勢力」を利用して、盗人本人ではなく日本政府省庁の管理を非難させるという手は、日本でもみられる。

このような中国の「超経済的」あるいは「非経済原理的」な経済戦には、日本人もやがて発想の転換（パラダイム・シフト）が迫られよう。少なくとも、そうせざるを得ない。

中国の夢と人類の夢との最終戦争

第七代中国国家指導者の習近平《しゅうきんぺい》は、五代目の政権禅譲後からすぐ、「中華民族の偉大なる復興の夢」を連呼絶叫した。現代の政治用語でいえば、「所信表明」でもある。習の連呼絶叫は、いかにも中国の夢、つまりチャイナ・ドリームを総括したものだと、その発想と構想に気がついたのは私一人ではあるまい。

私がある中国人の民主活動家の集いで、「中国の夢と人類の夢とはまったく異なるだけでなく、逆だから、中国の未来はみなさまには自明のことではないのか」と大会挨拶をしたところ、大騒ぎとなって反論が続出した。

中国人の間でも、「白日夢だ」「われわれの夢とは違う」「それはただの習近平だけの夢か、せいぜい八千八百万人の共産党員の夢だ」と弁明やら反論する声も少なくない。

私は、「習近平だけの夢」というのは、決して正確ではないと思う。いま現在の中国文化人の夢であり、少なくとも近現代の歴史的な夢として抱き続ける、集約的な、総括的な表明であると見るのは、決して根拠のない空論ではない。仮にそれは「白日夢」であっても、仮に中国人は愚民や奴隷ばかりだとしても、このチャイナ・ドリームは決して習近平の即興的なスローガンではないことを知るには、中国人を多方面から多角的に分析する必要がある。

たしかに、「中華民族」という民族は架空のものである。それは、二十世紀初め、維新派の中華民族主義と、革命派の大漢民族主義との「民族主義論争」の中で生まれた、「漢満蒙回蔵」五族共和から「漢族」と「非漢族」を融合、統合するフィクションなだけである。すでに百年以上も「中華民族」を錬成しようとしても、同化を強行にしても、いまなおそのような「民族」は生まれていない。

「偉大なる復興」の「偉大」とは、「毛沢東時代」にかぎらず、漢人のもっとも愛用する修飾語である。「偉大なる復興」が頻繁に語られるのは、どの王朝でも「変法」やら「中興」がよく語られ、語りたがられるからである。ことにアヘン戦争での「自強（洋務）運動」をはじめ、戊戌《ぼじゅつ》維新やらの運動、革命を繰り返しており、決して習近平個人の好みというだけではないのである。

すでに八九年の六・四天安門事件後、九〇年代に入って風前の灯火に直面し、亡党亡国の危機にうなされながら、社会主義社会建設の挫折から、「世界革命、人類解放、国家死滅」のスローガンに変えて「愛国主義、民族主義、中華振興」の三点セットを国是国策に入れ替えた。この「中華振興」という九〇年代に入ってからの党是国是を、もっと具体的に「中華民族の偉大なる復興の夢」と、人民に訴えただけのことである。

満州人は十七世紀に入って長城内に入り、明に代わって中国を植民地にしただけでなく、ジュンガル帝国を破って、ウイグルの西域やチベット高原までを版図に入れ、領土を明の三倍も拡大した。しかしこの膨張しすぎた王朝は、内部矛盾が激化して、十八世紀末に入ると白蓮教徒の乱をはじめとする内乱内戦の時代に入っていく。もちろん膨らみすぎた領土が元の大きさに縮んでいくのは、人類史に現れた文明盛衰、国家興亡の鉄則のようなもので、別に中国のみの現象ではない。

しかし二十世紀に入ってからの辛亥革命後、後継国家を自任する中華民国も、人民共和国も、国家存立のプロパガンダとして、アヘン戦争後の膨張の停止や収縮を「国辱」と決め付けるのは、「侵略」の正当化にすぎない。たとえば、満州人のホームランドで起こった「満州事変」をわざと「九一八事変」とし、「国辱記念日」にすることは、その一例でもある。

習近平のチャイナ・ドリームが決して思いつきでないことは、その長い中国の夢の流れからも、そのもっている中華思想としての特質からもわかる。「中華民族の偉大なる復興」という夢は、近代中国人の夢を総括するもので、中華思想特有の性格もこのチャイナ・ドリームの中に強く現れている。

よく外でいわれている「中華思想」とは、中華主義とも呼ばれ、日本にかぎらず西洋にも、中華中心主義（Sinocentrism）として知られる。自己中、自国中、そしてこの世の中のすべてが中華の価値基準にもとづく、自己中マイルールのものの考え方と見方でもある。「天下王土に非ざるものなし」という、王土王民思想と、戦前によくいわれた「支那非国論」「支那無国境論」は、八〇年代以後の中国の海洋進出の振る舞いとほとんど変わりはない。

「中国はすでに強くなったから、これからの世界は中国人が決める」
「近代の国際法は西洋人が勝手に決めたものだから、中国人は絶対に守らない」
「中国はすでに強くなったから、世界は英語の代わりにすべて中国語を使え」
「沖縄解放、琉球回収」
「太平洋を米中で二分」

などの発言や主張は、習近平の「中華民族の偉大なる復興の夢」と通底するところがある。

「中華民族の偉大なる復興の夢」を抱く人間は、最大多数としても十三億人から十五億人ぐらい。世界人口のせいぜい五分の一くらいの夢である。中国人の夢は、中華思想から逸脱することはありえず、それでは夢にはならない。その特質は、自己中と排他性である。

人類共有の夢との対立は、絶対に避けられない。人類が直面する人口、資源、環境など共通の課題とは、無関心というより、あくまで対立的なのである。

習近平のチャイナ・ドリームは、人類共有の夢や課題と共有しないことの公言と言える。

これからの日本の積極的平和外交の実現は、人類共有の夢（現在最大七十億人）と、自己中のチャイナ・ドリームの夢との最終戦争となろう。

習近平が打ち出したチャイナ・ドリームから、中国が目指す世界戦略はすでにはっきりと世に知られ、じっさいパワーゲームも変化しつつある。経済力とその影響力において、日本はアベノミクス以後、経済力を上昇させた。中国の李克強《りこっきょう》のリコノミクスとは対照的である。日本の経済力が上昇する一方で、中国は深刻な経済崩壊の危機にうなされている。それだけではない。安倍の「法」による積極的な平和外交に押され、中国の「力」による海洋進出も、「三戦」も色あせている。

かつて日本がＡＢＣＤ＋Ｓ包囲網に追い詰められたように、中国は、「中華民族の偉大なる復興の夢」を掲げることによって、かつての毛沢東時代の「自力更生」路線に先祖返りすることは避けられない。習近平のチャイナ・ドリームは、国内の反体制派からも指摘されるように、やがて「白日夢」に終わってしまうだろう。それとは別に、中国の夢は人類の夢との対立を前提にしているので、人類の夢云々は中国人にとってはまったく興味も関わりもないことだろうが、中国が自らの夢をいくら吶喊絶叫しても、全人類との対立は絶対に避けられない。

中国包囲網は、必然的というよりも宿命的ともいえる。中国では、公益や国益は絶対に存在し得ないものである。現実的には、マックス・ウェーバーがいうように、「家産制国家」であり、中国人も「家天下」と自称するように、有史以来「公」は存在しない。現在の人民共和国のように、国富を私富に変えていくことは決して例外ではない。

仮に「偉大なる復興」が習や党だけの夢ではなく、十三億の夢だとしても、七十億の夢と逆行するようなものが実現するはずがない。この中国の夢と人類の夢という枠の中で、未来の日本の国家戦略をどう組み立てていくのか。集団安保問題も絡めて深思熟考することが、絶対に欠かせない。

資本から見た日中経済の未来

中国を含めるＢＲＩＣＳがどう生まれたのかについては、東西冷戦後の資本、技術、人材、資源、情報が国境を越え、いわゆるボーダーレスの国際環境の変化の下で、より有利な世界市場に流出していくいわゆるアメリカイズム＝グローバリズムによって生まれた歴史の申し子であることは、「知識」というよりも世間の「常識」である。

しかし、「歴史」というのは、時代の流れであり、「有為転変は世の常」といわれるように、中国の老荘思想にも、インドの仏教思想にも、西洋の哲学思想にも、「栄枯盛衰」の理《ことわり》がある。じっさい人類の歴史の歩みの中で、文明の盛衰やら国家の興亡の歴史が、それを如実に物語っている。しかし、日米欧などの先進諸国、G7も、BRICS諸国やアジアNIESも、「ローマは一日にしてならず」という言葉のように、近現代史の歴史産物である。

では、経済史のみの視野に限定して、いままでBRICSの中でもっとも刮目《かつもく》される中国の栄枯盛衰とさだめをどう見るか。資本と技術については後で詳述するが、すでに明白になっていること、あるいは自明のことについて、以下の数項目をまずとりあげたい。

①ヒトについて、中国はこれまで無尽蔵でタダに近い産業予備軍を誇っていた。しかし、BRICSの経済力の衰退、さらにはVISTAが追い上げ、解消しつつある南北問題にみられるように、開発途上国や未開発国家の台頭により、中国の人力優位はすでに消

失しつつある。しかも少子高齢化の危機が迫りつつある。中国は愚民や奴隷が理想的人間像とされる愚民化の国だから、「才能ある人間は早死する」「良心ある人間は社会から孤立する」ため、質的には劣化がさだめとなっている。

②資源については、中国の地上資源のほとんどが、長い歴史の中で先祖代々に喰い尽くされ、「寄生の文明」として運命づけられる。地下資源も枯渇し、最後に残るのは地球資源しかない。「人口最多、資源最少」という人口と資源のアンバランスの中で、資源戦争が避けられないうえに、戦前は泥沼といわれる中国の国土は、すでに黄泉国という肥溜めの中へと沈みつつある。

③情報鎖国は、二千余年前の「百花斉放、百家争鳴」の時代とは逆行しながら、時代とともに強化されつつある。ことに人民共和国の時代になると、情報は完全密閉となり、習近平時代に入ると、言論規制がより強化されつつあることはよく知られ、国内だけでなく、外へのサイバー・ウォーを展開していく。

④一時、「世界最後にして最大の巨大市場」として期待されたが、内需が伸びず、ほとんど外需依存の最大の通商国家となった。転売目的の「爆買い」は国内よりも国外で行われ、経済格差、マネー・ローンダリングにより、カネが国外に大量流出している。国内の購買力は逆に低下し、巨大市場になるのは夢のまた夢である。

中国は史前から社会主義中国の時代に至るまで、基本的には重農軽商国家であった。国営企業はあっても、原初的産業資本の蓄積はゼロに近い。改革開放後の資本は、ゼロに近いところからの出発で、ほとんどを外資に頼らざるを得なかった。改革開放のスタートをいつからにするかは、中国の経済力と経済規模をどう計算するかによって異なるが、通称六十倍から百倍まで拡大したともいわれる。

成長の最大の原理は、過剰投資ともみられる。では、その資本力とは、いったいどういうものか。「金満中国」というイメージもあるが、資本のみの視点から中国をどうみるか。「自力更生」時代の社会主義時代の中国とはすっかり変わり、ますます「通商国家」として急変貌した中国についてはどうみるべきか。この国家の未来像もある程度、うかがわれる。

改革開放後の中国の様変わりの実例として、鄧小平一族の栄枯盛衰はじつに好例の一つである。改革開放後の最高実力者となった鄧一族は、やがて社会主義史上最大の富豪になったが、文革直後にジリ貧になった鄧小平の長男・樸方《ぼくほう》は、文革で迫害されて身障者となった。長男の足の治療にカナダまで金を出してくれたのは、香港の商船王・包玉剛《ほうぎょくこう》である。六・四天安門事件後、中国の金は鄧一族へ流れ込む。しかし江沢民の時代になると、鄧一族は上海閥に潰された。鄧一族は十兆円以上を巻き上げて海外へ高飛び。生き残るのは大変であった。

改革開放後の資本の流れの方向を見ると、ＢＲＩＣＳの中で、外資の一部は中国に流れ、経済の過熱と環境の悪化によって、中国は自然も社会も劣化。黄泉国へと沈み、多くの公害を残して、資本はまた逃げ出していく。

たとえば、ワシントンＤ.Ｃ.にある金融機構・ＧＦＩが発表した、「不正資金」（汚れた金）の数字の約半分を、中国マネーが占めている。二〇〇〇年から二〇一一年までの十二年間だけでも、その総額は約三・七九兆ドル、日本円に換算して約四百兆円前後である。ことに習近平時代に入ると、「トラ叩き」と称される汚職追放運動の煽りで、キャピタル・フライトやマネー・ローンダリングなどの資本大脱走がさらに加速している。そのため、二十年後には中国は最貧国に転落していくという予言もあり、これは、中国のジニ係数や資金の大逃亡から見て、むしろ「必然」とさえ言える。

中国経済が危ういということを察知すると、中国政府がいくら政府の公表数字を誤魔化しても、世界第二位の経済大国はしょせん蜃気楼だと知れ渡っていく。日米欧の資本撤退が加速したのも、中国の化けの皮がだんだんと剝がれてきたからである。

アメリカの世界金融帝国としての地位の確立は、戦後のブレトンウッズ体制下で、長期にわたって徐々に成し遂げたものである。その巨大な経済力と軍事力を支えとして、パックス・ブリタニカに代わって、ドルが世界通貨になった背景は、世界一の黄金の力で金本位制を確立したことである。ニクソンの時代にドルと黄金との交換を中止したが、ドルはそのまま不動の通貨となっている。二〇〇八年秋のリーマン・ショックによって、この金融帝国が動揺し始めたことはたしかであるが、ドルはなおも世界の基軸通貨であり、ユーロも、ポンドも、円も、ドルに取って代わることはできない。

さすがに中華思想の国としての思い上がりもあり、野望もあろう。起死回生の策もあろう。「金満中国」という錯覚に惑わされて、中国の人民元はいまなお変動相場制への移行もままならないのに、ＡＩＩＢ構想やＢＲＩＣＳ銀行や、ＳＲＩＦ（シルクロード基金）などを旗揚げすることは、明らかにＩＭＦ、世界銀行、ＡＤＢ（アジア開発銀行）に対する挑戦、というよりもハッタリである。もちろん、国際金融機関をガバナンスするほどの能力も疑問視されており、信用を確立するまではなおも時間がかかる。

近現代史の中で、日本がいかなる国にも比べて断トツに強いのは、金融・財政と医療衛生の二つの分野である。

金融・財政については、台湾、朝鮮、満州、支那などの金融・貨幣史の美談として、百種類以上の貨幣を整理して銀行制度を確立し、人流と物流を確立したという経済史的な貢献が大きい。金融・財政の安定と、ハイパーインフレが絶対にみられないのは、日本経済人の腕前である。

医療衛生からみても、アジア各地の人が住めなかった地域を住めるようにし、日本軍が進んだところは疫病（伝染病）が絶対に消えるということも、中国でさえ美談として残っている。

近現代史からみた日中の違いは、明治維新以後の「文明開化・殖産興業」の資本に「四苦八苦」しながらも、日本はそのほとんどが自前のものであるということである。それは江戸時代の長期にわたる超安定社会から、原初的産業資本が蓄積されており、日本の近代化を支える資本となったからである。一方の中国では、ほとんどが「他力本願」によって、近代まで生き延びてきた。というのは、中国のインフラはほとんどが日本か西洋列強の遺産しかなく、社会主義建設時代は列強の遺産を喰い潰した後に、「改革開放」と政策転換をした。その後も、ずっと外資に頼ってきた。

しかし中国の真の弱味は、資本家も企業家も一人も育たないことである。国富を私富に変える手が巧妙でも、経済大国化とともに、資本が大量流出している。それは、商人ではなく、「裸官」の腕前である。

中国に最後に残るのは、「世界最貧国」よりも恐ろしい、「黄泉国」である。

技術立国の日本が世界の宝となるとき

日本が「匠の国」と称されることと対極的に、中国は「商の国」と称される。中国が「商人の国」と称されることに、私は若干の違和感を覚える。たしかに漢語・漢字の歴史は、市場語からくるもので、農民とは違って、元支那（中国）人は、商人だった。しかし、基本的に中国は、重農軽商の国として、農本商末の国である。中国の経済史の中で、商人はずっと迫害され、社会主義の時代に至るまで、むしろ「反動分子」やら「黒五類」（労働者階級の敵として分類された五種類の階層）の代用語にもなる。

改革開放後、全民が「下海」して、「総商人の国」に変貌したのも、史上異例の時代であった。

「日本に文化を教えた」という主張は韓国人に昔からたしかにあったが、「ウリジナル」が流行るのは、ネット世代からである。中国はそれよりもっと前、十九世紀中葉のアヘン戦争後の「洋務運動」期に、「世界の文化、文明、文物は中国起源である」という説のほぼ定着期に入っている。中国の「ウリナラ自慢」が韓国人より一枚上手なのは、日本の文化は中国の亜流（朝鮮）のまた「亜流」という話法である。韓国のウリジナルは、ただ中国からのパクリにすぎない。

しかし、そういう主張はたいてい、なんの根拠もない思い込みであることが多い。たとえば、「箸は中国が伝えた」という主張があるが、縄文遺跡からはすでに多くの箸が見つかっている。遊牧民とは違ってナイフとフォークを使わないのは、生活文化からくるもので、肉食なら、箸だけではどうにもならないだろう。

日中の文化は、箸だけでも大きな別れ道がみられる。中国の箸は象牙や銀の箸まであるが、これは単に質的なグレードを高めただけで、日本のように芸や能として、美まで高めてはいない。それは、箸にかぎらず、あらゆる芸能の分野でみられる。中国では、諸芸諸能は最低の下っ端の人間がもつものと見なされ、日本のように諸芸諸能を「道」に発展させるまでには至らなかった。もちろん芸能をもつ人間は軽蔑されるので、日本のような「人間国宝」というものもなかった。

近代西洋文明伝来後の日中の考えもまったく逆で、中国はむしろ「反匠」の文化として、「匠の国」とまったく異なる道を歩んできた。

いまでも大中華も小中華も、「技術開発」には熱心ではない。むしろもっぱら、パクリや情報盗窃が近道だとしか考えていない。中国の経済高度成長も、ほとんどが外国の技術のパクリによって支えられている。アメリカのＣＩＡの調査では、中国の企業活動は、もっぱら先進技術のパクリである。それだけでなく、留学生でさえ、八〇パーセントが諜報活動の任務を負っている。「中国人を見たらすぐに泥棒と思え」と言うことが決してヘイトスピーチとは言えないのは、それなりの文化、社会伝統があるからだ。そもそも古代から「強盗社会」であり、古代の「経典」にもよく語られている。『水滸伝』の梁山泊は、むしろ中国社会の「常態」として、江湖の社会が描かれている。二十世紀に入っても、「賊のいない山はなく、匪のいない湖はない」といわれるほど、匪賊の数は正規軍の約十倍にものぼった。

たとえば、大東亜戦争中のビルマの援蔣ルートだけを見ても、重慶まで届けるはずのアメリカ軍の軍援物資の半分は、ルート上に出没する匪賊勢力に奪われていき、約半分しか届けられなかった。国共内戦中も同様に、軍援物資が蔣介石を首とする「四大家族」の私財に変わっていったことが、陳伯達《ちんはくたつ》の『中国四大家族』には書かれている。

ことにハイテク技術のパクリに関しては、中国は手を変え品を変えている。中国に投資する外国企業に対してはテロ防止を掲げて、「反テロ法」の制定を目指しているが、これは要するに、企業のメールや内部情報、特許情報などのすべての企業機密を、中国政府の管理下におく法律である。「公然企業機密パクリの合法化」というのが狙いである。

中国人はみずから「技術開発」の努力をするよりも、パクリか、それ以外に「商標ゴキブリ」が世界にその名を知られている。業者と政府が結託して、世界の有名ブランドの「商標」を先に登録し、中国で生産するか外国企業にその商標を売る。日本でも被害は続出しており、「クレヨンしんちゃん」などはよく知られる一例である。

いま現在の世界産業の中で、中国製の特殊な部品はないし、やっていけないとか、成り立たないというものは皆無である。軍事・兵器の技術についてもそういえる。中国だけにあるのは、せいぜい漢方の特殊薬材や、中華料理に特有の調味料ぐらいのものであり、これらは日本のハイテク技術とはまったく違う。日本の技術や特殊部品がないと困るのは、中国と韓国にかぎらず、欧米先進国もそういえる。それは長期にわたる日本の匠の精神から生まれた、日本が世界に誇る宝でもある。

従来、日本の産業には寿命三十年説というものがある。たとえば家電には一時独壇場の時代があったが、アジアをはじめとする新興国との市場競争の中、価格競争は劣勢になり、技術は後発組に追いつかれ、苦戦を強いられている。しかしながら、たとえば、医療・介護、サービス業、ロボット産業は、少子高齢化の労働力不足を補足する市場で広がりつつある。

日本は産業・医療技術だけでなく、農業から原子力、軍事技術でさえ、世界でもトップで、独走しているものがじつに多い。反原発、反戦平和運動の反日学者や運動家の中には、日本の軍事技術の発展を抑えることを目的とする者も少なくない。

日本の技術的優位は、すでに縄文時代から独自の技術だけでなく、精神文化としても確立されていた。江戸時代には、西洋の伝教師、使節、軍人などを驚嘆させ、多くの記録にも残されている。決して戦後からではなく、外から教えられたものでもない。

中国の家電、通信産業の中での基幹部品だけでなく、自動車産業などに至るまで、日本の技術力から生まれた部品の支えがなければ、そのほとんどが成り立たない。それが、産業界、経済界の「常識」である。

世界のニセモノの八〇パーセント以上が中国製、二位が韓国製であることから、中韓の経済は、本質的には「盗賊経済」である。では、どうすれば盗賊の横行を阻止して知財を守れるのか。「知的財産権」防衛の強化をすればいいのであるが、これは安保問題まで絡む問題である。というのは、技術窃取は、ただ単純な企業技術の問題だけでなく、たとえばサイバー・ウォーにおける情報の大量流出まで絡む、国家全体の安全問題にも関係するからである。

このグローバル化の時代、日本の技術的な優位をどう守り続けていくのかはじつに難しい。中国にもっとも欠落しているのは、もちろん自前の技術もそうであるが、それだけではなく、その技術を運用するハウツーである。それは決して、近代から始まったことではない。洋務運動の時代には「中体西用」といわれたが、中華精神と近代産業とはまったく対立的なものである。中国式経営下ですべての近代産業は赤字だらけで、倒産の運命から逃れることができなかった。中国には近代人が魅力を感じるソフトウェアやらソフトパワーがゼロというだけでなく、ほとんどが反近代的なものばかりである。

［略歴］

黄 文雄（こう・ぶんゆう）
1938年、台湾生まれ。1964年来日。早稲田大学商学部卒業、明治大学大学院西洋経済史学修士課程修了。雑誌編集などを経て執筆活動に入る。『中国之没落』（台湾・前衛出版社）が反響を呼び、評論家として活躍。1994年、巫永福文明評論賞、台湾ペンクラブ賞受賞。著書に『米中韓が仕掛ける「歴史戦」』『真実の中国史【1949－2013】』『日本人よ！「強欲国家」中国の野望を砕け』『学校では絶対に教えない植民地の真実』（いずれもビジネス社）『恨韓論』（宝島SUGOI文庫）他多数。

断末魔の中国経済

2015年11月2日　　第1刷発行

著　者　黄 文雄
発行者　唐津 隆
発行所　株式会社ビジネス社
〒162-0805　東京都新宿区矢来町114番地 神楽坂高橋ビル5F
電話　03(5227)1602　FAX　03(5227)1603
http://www.business-sha.co.jp

〈装幀〉上田晃郷　〈本文組版〉エムアンドケイ　茂呂田剛
〈印刷・製本〉中央精版印刷株式会社
〈編集担当〉佐藤春生　〈営業担当〉山口健志

ISBN978-4-8284-1846-9

黄文雄関連書籍

真実の中国史【1949〜2013】

宮脇淳子氏推薦！「人民共和国後期が、もう終わっていることを論証した好著！」

定価　本体1600円＋税

日本人よ！「強欲国家」中国の野望を砕け

この一冊でわかる身勝手な隣人の本質が良くわかる！

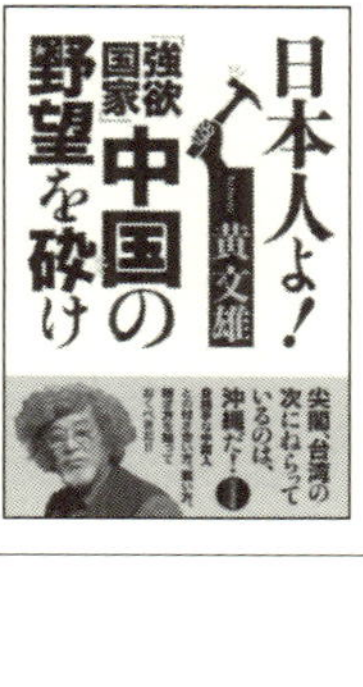

定価　本体952円＋税

朝鮮・台湾・満州 学校では絶対に教えない植民地の真実

朝鮮や台湾、中国をつくったのは日本である！

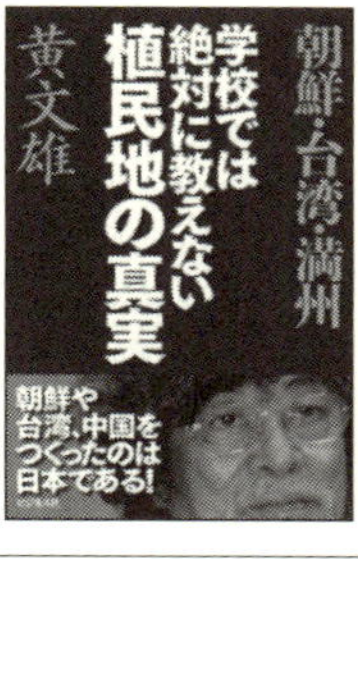

定価　本体952円＋税